初中历史教学

模式创新与转型

米 峰／著

吉林文史出版社
JILIN WENSHI CHUBANSHE

图书在版编目（CIP）数据

初中历史教学模式创新与转型 / 米峰著. — 长春：
吉林文史出版社，2021.8
ISBN 978-7-5472-7946-5

Ⅰ.①初… Ⅱ.①米… Ⅲ.①中学历史课—教学研究
—初中 Ⅳ.①G633.512

中国版本图书馆CIP数据核字（2021）第158328号

初中历史教学模式创新与转型

CHUZHONG LISHI JIAOXUE MOSHI CHUANGXIN YU ZHUANXING

著 作 者：米 峰
责任编辑：吕 莹
封面设计：言之凿
出版发行：吉林文史出版社有限责任公司
电 话：0431-81629369
地 址：长春市福祉大路5788号
邮 编：130117
网 址：www.jlws.com.cn
印 刷：北京政采印刷服务有限公司
开 本：170mm×240mm 1/16
印 张：12.75
字 数：230千字
版印次：2021年8月第1版 2021年8月第1次印刷
书 号：ISBN 978-7-5472-7946-5
定 价：45.00元

前　言

　　"教学改革"一词在现代教育中出现得十分频繁，随着经济的发展与社会的进步，变革与创新也成了现代教育的一个重要特征。在这个背景下，教师要重新探索初中历史教学的方式方法，以便找到更加适合初中生发展的教学规律。初中历史教学改革经过十几年的探索，虽然遇到了较多挫折，但是也取得了很多成果，尤其是一些具有启示、指导作用的教学方法已经充分激发出初中生学习历史的兴趣。在教学改革中，教师要关注学生的学习过程，使学生能够在历史学习中不断提高历史素养。

　　本书开篇简要介绍了教学模式的基本概念以及现代信息技术与课堂教学的融合发展。其次重点介绍初中历史教学改革的基本情况，如改革的背景、课堂教学的实施、课堂教学模式的实施与创新，其中详细介绍了几种新型的课堂教学模式与初中历史教学模式的结合，如问题探究式教学模式、小组合作式教学模式、信息传递式教学模式、情境复现式教学模式、资料研习式教学模式、社会考察式教学模式等。接下来介绍了现代互联网技术与初中历史教学相结合的新的教学模式，如互联网+微课、互联网+翻转课堂、互联网+云端课堂等教学模式。最后对初中历史课堂教学方法与评价以及教师和教师队伍的改革和创新问题做了分析。

　　由于编写时间仓促、编者水平有限，书中如有不当和错误之处，敬请广大读者批评指正。

第一章

绪 论

第一节　教学模式概述

一、教学模式界定

在认识教学模式之前，需要先了解什么叫作模式。所谓模式，实际上是从英文单词"model"翻译过来的，在一定程度上也可以将之称为"模型"或者"典型"等，主要指的是某种事物所遵循的标准形式或者体现出来的标准样式。在西方一些国家中，很多学者都将模式界定为"经验和理论之间呈现出来的一种知识系统"。具体来说，就是能够将经验和理论有效联系和沟通起来，并且具有一定操作性的典型体系与知识范例。

教学模式的出现和形成可以追溯到19世纪初。1806年，赫尔巴特提出了"四段法"，标志着教学模式思想的萌发与产生。到了20世纪70年代，教学模式得以再次跨越式发展，成为独立的教育学概念。在这一时期，美国哥伦比亚大学乔伊斯和韦尔将"模式"理论首次引入教学实践之中，从而使得教学模式正式形成，并成为教学研究中的一个新的领域。从教学模式在我国的发展来看，其形成是比较早的，但是真正得以广泛应用，应该是在20世纪70年代以后，尤其是在二十世纪八九十年代的时候，对教学模式进行研究和分析更是成为一种热潮。

时至今日，随着我国新课程改革的不断深入，"教学模式研究"的重要性和价值愈发凸显出来，逐渐成为教育界教学理论研究与实践的热点和宠儿。但是从当前的研究现状来看，专家和学者们对其的界定和认识并未达成统一。从国外的研究来看，人们普遍认可乔伊斯和韦尔在《教学模式》中进行的介绍，认为教学模式是连接课程、作业、选择教材以及提示教师活动的一种切实可行的计划或者典型。此外，美国还有一些学者提出，所谓教学模式就是以完成特定教学目标和任务为目的设计和实施的规范化教学手段。

对于教学模式的界定，国内不同学者之间同样存在着不同的理解和认识：

第一，有些学者认为教学模式正是一种设计与组织教学活动的理论，而且是通过一种较为简化的形式呈现在人们眼前的。

第二，有些学者认为，教学实践过程中设计和遵循的教学结构与框架就可以称为教学模式。

第三，有些学者认为，教学实践中选择的教学程序和教学手段就是教学模式的主要体现。

第四，还有一些学者认为，支持教学实践正常开展的操作方式和手段是教学模式的重要体现。

除此以外，对于究竟何为教学模式还有很多不同的见解，这里笔者不再赘述。从上述内容来看，笔者认为，其对于教学模式的界定都存在合理的部分，但是也不可避免地出现一定的局限性。因此，在正确认识和把握教学模式的时候，我们必须从其模式共性以及教学个性两个角度进行深入探究。

首先，教学模式并不是单纯的教学手段和方法，虽然也会体现出方法的一些特性，但是和我们平常认识和熟悉的微观意义上的教学方法是处于不同层次的。从某种意义上来说，我们可以认为教学模式是一种更高层次的方法论。

其次，教学模式并不等同于教学计划。从教学模式的本质属性来看，计划应该属于其外在表现。不论是何种教学模式，其都会包含一定的教学理论，都能够从教学模式自身的样式中充分体会其蕴含的教学思想，这便是教学模式所具备的精神实质。作为一种较为简约的教学理论和方法体系，教学模式并不会为教育者提供即时操作的具体手段与环节，只是从方法论角度给予其提示和启示。

再次，教学模式并不是理论，二者之间存在着非常明显的差别。具体来说，教学模式属于理论和实践之间的操作体系，如教学程序、环节、方法、手段等均是教学模式的外在表现。由此可见，教学模式的内涵相较于教学理论更加丰富。

最后，教学模式和教学程序之间也是存在明显差异和不同的。具体来说，教学模式可以认为是一种教学实践的简约化样式与方法论体系，而教学程序通常被认为是具有实际操作意义的教学流程。

从上述内容来看，我们想要真正认识和界定教学模式，就必须从其本质属性和特征出发。在近些年对其研究中，有学者从教学模式的本质出发，认为其特征主要表现为以下三点：第一，教学模式具有明显的系统性，具体而言，即教学模式是师生、教材、教学手段和方法、教学条件和环节等诸多要素共同组合而成的一种教学方法论体系；第二，教学模式具有中介性，是连接理论和实践活动的重要桥梁；第三，教学模式能够体现突出的可操作性，是将教学理论充分应用于教学实践的基础之上形成的方法论和操作体系。综上所述，笔者认为，所谓教学模式，简单来说就是一整套进行教学实践的方法论体系，是在一定教学思想和理论基础之上建构完成的教学策略框架和系统，呈现出一种简约而且稳定的形式。因此，教学模式不仅是教学理论具体化的一种表现，而且是对教学经验进行的一种比较全面且系统的概括。其不仅能够以教师教学经验的总结与概括为基础进行建构，而且能够在具体教学理论指导下进行提炼和整合，并且会在多次实践活动以后顺利形成。

二、教学模式的结构

对于教学模式的界定，尽管不同学者有不同的认识和看法，但是对于教学模式结构的认识却是趋于相同的。一般来说，教学模式结构会涉及五个主要因素，而且相互之间是存在必然联系的。

（一）理论基础

任何事物都不是凭空产生的，都会以一定的事物为基础，教学模式同样不例外。其依赖于一定的教学理论或者教学思想，即教学模式的建构需要一定的理论基础支持，是具体教学理论或者教学思想的重要反映。从教学模式来看，这种理论基础正是其较深层次内隐的灵魂与本质，也是其本质特征。例如，赫尔巴特在其著作《普通教育学》一书中，从统觉心理学这一系统理论出发，对多方面兴趣进行深入研究和分析，提出了四阶段教学模式，也就是"明了""联想""系统"和"方法"，之后的赫尔巴特学派通过对其进行深入研究，创立了五阶段教学模式，为19世纪后期和20世纪初期世界各国推行赫尔巴特教学理论奠定了基本模式，也深刻影响了世界范围内教学理论的发展。

（二）教学目标

这里提及的教学目标，主要指的是在教学模式指导和支持下能够顺利完成的教学目标和任务，以及获得的教学效果，是教育者对受教育者通过教学实践获得的收获进行的预测和判断。众所周知，所有教学模式都是遵循并致力于完成一定教学目标的，其实际上就是为了完成一定的教学目标设计出来的。因此，教学目标对于教学模式具有重要作用，在整体结构之中处于核心位置，对其他各构成要素具有明显的制约作用，同时也是对教学效果进行评估的重要指标。在具体的教学实践中，如果缺少明确的教学目标，那么所有教学模式都会缺失存在的意义。对于教学模式而言，和教学目标之间强烈的内在统一性，对其个性具有决定作用。

（三）操作程序

所谓操作程序，简单来说即完成教学目标所实施的步骤和整个过程。对于教学模式而言，在完成教学目标的时候，都需要通过具体的操作程序和步骤，任何教学模式都不例外。例如，赫尔巴特教学模式对于知识的传授非常重视，因此其操作程序主要就是上面提及的四阶段（明了、联想、系统、方法）。再如杜威创立的实用主义教学模式，强调引导学生从动手实践中掌握知识，因此实际的操作过程主要包括"情境、问题、假设、推断和验证"五个步骤。通常意义上来说，教学模式的操作程序是相对固定的，会在具体的教学过程中有所体现，但是也需要特别注意一点，即教学活动的操作程序虽然相对稳定，但是并不代表不会发生变化。实际上，其是处于一个动态变化之中的。所以，教师在开展教学活动的时候，切忌使之稳定性制约教学活力。在教育界被广泛认可的"教学有法而教无定法"实际上就是指的这一方面。

（四）实现条件（手段和策略）

从教学模式的构成要素来看，其涉及的内容是多个方面的，如教师、学生、教学策略和手段、教学条件和内容等，这诸多方面实际上也正是教学模式的实现条件。所有教学模式都是依托于一定的条件而存在并且实施的，因此想要将教学模式的价值和作用充分发挥出来，就必须有这些条件作为支撑，并且要依据适当的教学思想对其进行优化和整合，尽可能地使之发展为最佳方案。例如，在实施程序教学模式的时候，需要有程序化教材作为基础，并且需要一定的教学设施作为保障；在实施意义学习教学模式的时候，作为实施基础的教材必须具有较强的逻辑性，并且需要组织者采取一定的手段和策略对其进行组织和整合。

（五）教学评价

教学评价是教学模式当中一个必不可少的要素，是对教学任务的完成情况、教学目标的达成情况以及教学效果进行评定的标准与规范。对于教学模式而言，形式不同，常常评价标准和方法都会有所不同。教学模式设定的目标、实施的程序等存在差异，评价方法也通常会存在一定的差别。例如，罗杰斯的非指导性教学模式规定主要实行学生的自我评价；布卢姆掌握学习模式采用诊断性评价、形成性评价和终结性评价三种形式，尤其强调形成性评价的作用。目前来看，除了那些已经发展非常成熟的教学模式存在较为可靠和标准的评价手段以外，很多教学模式还处于探索之中，因此还未形成自己独特的评价标准和手段。

从上述五个要素来看，其在教学模式中的地位、作用、功能和价值都是各不相同的，各个要素之间相互联系和融合而成的形态便是教学模式的结构。具体来看，理论基础是创设教学模式所依托的思想基础与理论依据，在整个结构中处于基础位置，对其他要素具有决定性导向作用；教学目标作为教学模式的核心，对于结构中的其他要素具有引导和制约作用，是推动其他要素有效发挥作用的重要条件，尤其是对于教学评价、教学目标及其标准在某种意义上具有决定作用。操作程序即应用教学模式的所有环节和流程；教学条件在教学模式价值体现和作用充分发挥中起到保障作用；教学评价作为教学模式组合的一个重要因素，能够为我们提供一个比较客观的认知条件，使我们更加准确地认识教学活动实施的真实情况，从而更加全面和有针对性地对教学模式中的不足之处进行调整与完善，更好地保障教学模式顺利高效地实现教学目标。一般而言，所有的教学模式都会具备这些基本要素，受其内容、作用、性质等方面存在的差异的影响，常常会呈现出不同形式的教学模式。

三、教学模式的特点和功能

（一）教学模式的特点

1.指向性

在教学活动中，所有教学模式都是依据具体的教学目标设计和创立的，在实际应用教学模式的时候，也是需要一定条件作为支持和保障的。因此，从教学模式本身来看，并没有所谓最好的教学模式，也不存在适用于所有教学活动的教学模式。我们在实际的教学活动中常常提及的"最理想的教学模式"，是存在必要前提条件的，通常指的是在特定情况下能够顺利完成特定教学目标的最有效模式，而这一教学模式在其他条件下可能并不是最优的。因此，教师在教学活动中选择教学模式的时候，必须要充分认识到不同模式的特点和优势，注重教学模式的指向性，如此才能够选择出最理想的教学模式。

2. 操作性

教学模式是教学思想和理论等具体化，并应用到实际教学活动中的重要体现，通常是通过一种较为简化的形式，将教学思想或者理论当中的核心内容呈现出来，提供给人们一个相较于理论而言更加具体、操作性更强的教学行为框架，并对教师的教学行为进行具体规定，从而使教师在开展课堂教学活动的时候，能够有章可循，为教师更好地理解和应用提供便利。

3. 完整性

通过一定的手段将教学理论和教学实践进行统一协调，以便能够构成教学模式。由此可见，教学模式的结构是比较完整的，运行要求也是比较明确的，具体体现即理论方面能够自圆其说，教学过程当中能够有始有终。

4. 稳定性

教学模式是对众多教学实践活动进行理论概括的一个重要体现，能够将教学活动所具有的普遍性规律呈现出来。一般来说，教学模式均具有比较突出的稳定性。上述内容有所提及，教学模式通常是在具体教学理论和思想的基础之上建构完成的，而教学理论和思想通常是一定社会的产物，因此教学模式和社会活动中的政治、经济、文化、技术等诸多要素之间是存在一定联系的，同时也会受到教学目的和方针政策等条件的制约。从这一方面来看，教学模式所具备的这种稳定性常常是相对的。

5. 灵活性

教学模式虽然是教学理论和思想操作化与简约化的一种重要体现，但是并不是针对特定内容。因此，在教学实践活动中，应用教学模式的时候，必须要对实际的操作条件进行充分考量，如教学的条件和设备情况、学科特点和重难点、教师专业素质和学生的认知水平等，并对其进行适当的协调与完善，从而充分体现出灵活适应性。总而言之，适用所有条件和教学活动的教学模式是不存在的，也并不是所有教学模式都能够进行重复与翻版，这是教师在认识和选择教学模式的时候必须进行考虑的问题。

（二）教学模式的功能

1. 中介作用

教学模式的中介作用，主要指的是其能够为教师顺利开展课堂教学活动提供模式化和操作化的教学方法及系统，能够在教师仅依据自身经验和感觉开展教学活动与注重教学反思以及效果提升等之间建立有效的理论联系实践的关系。教学模式之所以会具有这一功能，和其既源于实践活动又是教学理论操作化体现等特点是分不开的。首先，教学模式与教学实践是息息相关的，是对具体的教学实践和手段进行分析、研究、加工处理之后得到的结果，是对某种教学活动中涉及的各种因素以及因素之间存在的相互关系提供一种稳定性的操作结构，具有明显的内在逻辑关系和理论依据。所以从这方面来看，教学模式实际上便已经具有一定层次的理论意义了。其次，教学模式是具体教学理论操作化之后的一个重要表现方式，通过一些比较明了、具有象征意义的符号或者关系等，教学模式可以将具体教学理论的本质特点和内容充分表现出来，使人们能够在自己的思维中产生一个相对比较具体的教学程序和框架，从而为人们更加深入和全面地理解教学理论提供便利，也为其提供更加全面和操作性更强的实施程序。综上所述，教学模式不仅是将教学理论的实践功能充分发挥出来的中间环节，而且是推动教学理论融入实践活动、协助教师开展实践教学，并将之价值充分体现在实践活动中的中介环节。

2. 方法论意义

对于教学模式所实施的研究活动，事实上可以看作是教学研究领域中方法论方面实现的一种革新。很长时间以来，人们对教学活动进行分析和研究的时候，都是在一种比较刻板而且单一的思维方式指导下进行的，注重对教学活动的各个部分和环节进行分析，忽视了各组成部分之间存在的联系。此外，传统意义上进行教学研究的时候，很多人还习惯于将思维和重点放在各部分关系抽象的辩证理解方面，对教学活动的操作性和独特性认识不够。而从教学模式研究来看，教学模式能够指导人们从整体方面对教学活动中各要素之间的相互作用和多样化表现形式进行综合性探讨和分析，能够引导人们通过动态思维来认识和把握教学活动的本质与规律。除此以外，教学模式研究在优化教学设计、整合教学过程等方面也能够发挥出重要的促进作用。

四、教学模式的发展趋势

(一) 由教授模式和学习模式向名副其实的教学模式发展

教学模式的形成和发展总是和具体教学思想与理论相关的，是以此为基础和条件的。简单来说，即依据什么样的教学理论，在教学活动中就会形成什么样的教学模式。教学模式是为教师提供服务和指导的教学范型：一方面，教学模式必须对教师的教学过程、教学目标的设定、教学内容的选择以及教学策略等进行充分考虑和研究，从而为教师提供操作性较强的教学行动步骤；另一方面，教学模式需要对学生的身心情况和学习规律等进行研究和把握，从而引导教师避免凭空而教，为教学实践提供条件支持和依据。由此可见，当今时代中对于教学模式开展的研究活动，既不是单一地进行教授，也不是纯粹地推动学生进行单一学习，而是将教师开展教学活动的艺术和学生参与学习活动的规律有机协调与结合，推动二者统一协调发展。

(二) 概括性与操作性的辩证统一

教学模式的概括性一般会通过形式、内容以及分类等充分体现出来。从形式方面来看，即通过比较简洁明了的语言、文字或者图表等对教学模式进行充分反映。从内容方面来看，即对教学活动中涉及的理论内容和实践成果进行提炼和整合。需要特别注意一点，即教学实践虽然能够为教学模式提供所需的原料，但是并不等于教学模式。教学实践涵盖的范围是非常广泛的，而且是时刻处于动态变化之中的。而教学模式一般是从教学实践当中概括和提炼出来的活动框架，通常会隐去教学活动所包含的次要因素，能够有针对性地反映出教学活动的操作框架与理论核心。从分类方面来看，即对多种教学活动实施分析和研究行为，并以其所共有的特征为基础进行归类。总体来看，对于教学模式，无论是从其形式、内容方面，还是从分类角度认识其概括性，主要目的都是为研究人员和教师提供便利和指导。

所谓教学模式的操作性，主要指的是很容易被使用者运用，这一点在操作程序上面表现得尤为突出。在教学实践中，一般具有操作程序以后，就代表这种教学行动有了可依据的线索，也意味着教师能够有计划地组织和实施教学活动。

对于教学模式的研究，如今已经引起广大教育工作者的兴趣和关注。之所以会出现这种情况，就是因为教学模式并不是像理论知识那样抽象，同时也不是那种没有规律可循的行动。教学模式能够把教学理论的指导价值落实到教学步骤和环节之中，也能够将教学经验通过概括和提炼转变为理论，成为连接理论与实践的中介。因此，从教学模式的发展来看，概括性和操作性的统一成为一个重点内容。

（三）由单一性向多样性发展

第一，从教学目标来看，教学模式正从传统教学中单一目标转变为多个目标。随着新课程改革的不断深入，教学研究呈现出愈发科学化的趋势，这就要求教师必须转变传统教学观念，重视学生的主体地位，认识到学生是知、情、意、行的统一体。在教学模式中，每一个教学目标的实现，都是需要其他相关目标提供支持和辅助的。如发现教学模式，不仅要求学生达到在教学活动中能够完成知识基本结构的掌握这一目标，而且需要尽可能地激发学生探究和学习的欲望，还应该将引导学生掌握和提升学习能力也作为其目标。

第二，从教学空间方面来看，教学模式已经从单一的课堂教学向课内课外多种模式发展和转变。在新课改不断深入以及信息技术不断发展的背景下，教学活动已经在很大程度上摆脱了课堂的束缚，课外教学活动的重要意义和价值也被充分认识到，对于课内教学质量有着非常直接而且重要的影响。

第三，从操作程序方面来看，教学模式正在摆脱刻板单一的程序，正在向灵活性和多样性方面前进和发展。这里仍然以布鲁纳提出的发现教学模式为例，其实际上只是发现教学模式整体中的一个组成部分，虽然具有很强的代表性，但是在不同国家和不同学科领域之中也会存在变式，如问题探究式教学模式、实验引导式教学模式等都是其重要的变式。虽然和布鲁纳提出的发现教学模式在操作程序上存在共性，但是也有着自己的独特性。这种操作程序上的灵活性，消除了人们对模式操作会不会使教学变得僵化的顾虑，同时也给模式的发展注入了新鲜血液。教师可以根据教学任务、教学条件去选择模式，进而根据自身和学生的特点去创造模式。

第四，由演绎法或归纳法向演绎法与归纳法并举发展。研究教学模式的方法多种多样，没有固定不变的唯一方法，但从方法论角度来看，主要有演绎和归纳两类基本方法。用演绎法研究教学模式主要是验证假说，它从理论出发提出假说，设计出模式（即把假说转化为教学活动的指南，提出基本的操作策略和程序，以确定教学目标）。所以，使用演绎法得到的教学模式，其起点是科学假说，模式的形成过程就是验证假说的过程。用归纳法研究教学模式主要是经验概括或行动研究，即从广大的教学实践工作者在实践中形成的行之有效的经验中概括出共性，并使之规范化、系统化、程序化，形成教学模式，或者采用行动研究法，"处方式"地分别研究教学模式的要素，然后综合、归纳出教学模式。因此，用归纳法研究教学模式的起点是教学经验，模式形成的过程就是筛选、概括经验的过程。究竟选择何种研究模式，我们应对研究者的自身素质以及研究的内容、时间、地点和条件等多种因素综合加以考虑之后再做决定。但无论怎样，两种方法都具有重要的作用。正因为如此，乔伊斯等人在系统地研究当代西方教学模式时，概括出20余种常用模式，其中既有运用归纳法得到的模式，也有运用演绎法得到的模式。看来，演绎法和归纳法在今后的模式研究中会长期并存，也预示了我们研究教学模式在方法上的趋势。

第二节　教学模式的构建与选择

一、教学模式整体构建的意蕴

前面内容中已经多次提及，教学模式扮演着连接教学理论和实践的桥梁与中介这一角色。对教学模式进行改革和构建，有利于发现和提出新的教学理论，并将之合理地应用到教学实践之中，将新的教学理念转变为人们比较容易接受和理解的形式，从而将之指导教学实践的作用和价值体现出来。与此同时，对教学模式进行改革和整体构建，也能够推动在教学实践中产生的教学经验的提炼和概括，从而推动其系统化发展，使之具有普遍性和可推广性。从实践方面来看，教学模式的功能主要涉及指导、预见、系统化和改进四种。指导功能主要是指教学模式可以提供给教师顺利完成教学目标和任务的条件、方法以及策略等；预见功能主要是指教学模式能够帮助教师对可能获得的教学效果进行可靠的预见和猜测；系统化功能主要是指教学模式可以将教学活动建构成一个有机系统。由于其是一个整体结构，因此对于教学活动中涉及的诸多要素都存在一定的作用和影响；改进功能主要是指适当的教学模式可以完善教学过程和方法中存在的不足，从而收获更好的教学效果，能够从整体方面突破教学活动中教学束缚。

具体而言，教学模式的理论功能主要表现在以下两个方面：第一，教学模式能够对教学思想或者理论进行简化和系统化，从而为人们更好地掌握与利用提供便利；第二，教学模式并不是单纯地对教学实践中的某一种具体活动进行体现和概括，而是能够体现出非常突出的指向性和探索性，提出的框架和系统能够在不断实践和检验活动中，从理论层面进一步系统化和规范化，从而为教学理论研究提供素材和支持。从这一角度来认识，教学模式还是一个具体教学经验转化为泛化和一般化教学理论的中介环节，在教学理论发展的过程中，体现出明显的原料加工与理论建构的作用。因此，从教学模式本质属性和价值功能等方面来看，课程改革的核心实际上就是对教学模式进行改革。

由此来看教学模式整体构建的时候，我们可以认为其就是在生态哲学理念的支持下，通过教学模式的构建来对影响其发展的要素进行整合与分析，使之形成一种整体关系，从而达到区域内学校整体构建教学模式的状态和达到这种状态的转变过程。在对其进行深入认识的时候，需要特别注意"整体"和"同一"是存在明显区别的，"整体"表示教学模式建构的重要追求是比较符合学校自身的教学模式的"结果态"，而不是为了构建相同的教学模式。此外，教学模式建构所遵循的一个重要价值导向，即学生发展应当摆脱教学模式的步骤、阶段以及流程等对教学活动的限定和控制，充分体现教学模式的动态性、灵活性以及开放性等特征，以"入格""定格"和"出格"（所谓入格，即在建构教学模式的过程中发现让理念落地的有效路径；所谓定格，即教学模式的运用呈现出熟练化和自动化等特性；所谓出格，即对教学模式的实践运用过程中体现出来的局限性和不足进行动态调整与创新）作为发展路径和持有的基本态度。

从我国当前的教学实践活动来看，在现行省级统筹教育行政管理体制下，县区是基础教育管理活动中的一个基本行政单元，也是一系列教育管理活动顺利进行和开展的一个重要区域基础。因此，对县区教育发展程度进行系统判断的一个重要依据和条件便是县区基础教育发展水平，也是区域教育发展合理性分析与教育改革实践设计的重要前提与基础。从县区基础教育发展水平这一角度来看，教学模式会受到区域内各种社会因素影响。因此，必须对存在的影响因素进行聚类"确定"分析，如此不仅能够很好地解释县区基础教育发展水平，而且可以为区域教育改革和政策贯彻提供一个方向。此外还有一点，即在当前教育发展实践中，我国的基础教育管理是省级统筹的，不同县区之间受各种因素影响呈现出明显的不均衡发展趋势，甚至存在差距拉大的现象。因此，想要缩小县区之间教育发展水平方面存在的这种差距，提升区域教育发展水平，就必须对各个方面的影响因素和作用特点进行更加深入和详细的分析，并且在此基础上制定出行之有效的发展策略。一般来说，如果县区在事权和财权等方面能够有一个相对比较集中的把握和控制，则有利于更好地在教育资源分配方面实现公平，有利于区域中各个学校之间的教育起点均衡，从而在县区范围内率先实现义务教育均衡，以此为基础带动市域，以市域带动省域，从而推动全国教育均衡和谐发展。

二、教学模式整体构建研究的价值取向

（一）学术价值

具体而言，教学模式和智能体构建的学术价值主要体现在以下三个方面：

第一，从整体性思维出发，引导教学模式的变革与发展。即充分发挥整体思维的作用和价值来推动教学模式整体性和系统性改革的顺利实现，并在过程中对简单和线性思维进行批判与超越，为教学模式改革提供行之有效且具备新颖性的思想武器。

第二，丰富和完善教学模式改革的理论与实践体系。从方法论角度来看，针对教学模式开展的研究活动具有明显的理论和实践双重性。依据适当的教学模式，教师可以采取有效措施在课堂教学活动中搜集相关资料，以理性分析为基础和依托来深入地阐述实然，在实然基础之上形成教学理论，并以之为指导推动教学模式改革发展，从而丰富和完善教学模式改革理论与实践体系。

第三，推动基础教育均衡协调发展。区域学科教学模式整体改革，意味着让先进的教育教学思想和理念统领区域教育，以促进区域教育均衡，把实现教育公平作为最根本的价值取向。适合学校自身实际的学科教学模式构建和与之相适应的教学文化生成将形成学校的办学特色，满足学生多样化、个性化的教育需求，体现教学模式改革的重要目标和价值追求。

（二）应用价值

具体而言，教学模式整体构建研究的应用价值主要表现为以下几个方面：

第一，课程改革"基层自觉"的形成。从教学改革的实际开展来看，基层教育管理人员、各科教师等都是最直接的实施者，也是教学改革发展与完善过程中所需信息的一个重要来源。他们开展的工作和活动实际上就是对教学改革进行理解、接受以及投入其中的过程。因此，基层教育管理者、教研人员、一线教师对教学改革全程式的主体参与能够创造性回应"上方意志"，让基础教育课程教育改革走向"基层自觉"。

第二，通过具体的研究和分析，不仅有利于建构更加科学合理的学科教学

模式体系，而且有利于在和教师的行走方式、学校发展方式、家庭和区域教育模式等诸多存在一定联系的要素相互促进的过程中实现理论与实践的良性互动，从而形成学校发展的文化自觉，打造家校合作共同体，促进区域教育均衡。

三、教学模式建构维度

（一）伦理之维

在教育领域中，所有的教学改革都不可避免地体现出社会主流价值，将崇尚善行的伦理本性呈现出来，而且过程中总是借助一定的伦理规范来体现教学活动的内在需求，并将之在教学模式改革过程中体现的判断、约束和调节等诸多作用充分发挥出来，从而推动其预期目标的顺利完成。从某种意义上来说，在所有领域当中，伦理精神都是能够充分体现人类活动价值目的性和行为合理性，是一种人文精神结构。但是在教育领域之中，伦理精神通常会表现出更加突出和重要的人文意义。在一定程度上，伦理精神实际上就是教育领域中人文精神的核心。

所有教育活动一般都会有属于自己的独特的伦理精神与基本伦理前提，主要作用就是为教学模式的构建确立一个基本的价值方向。伦理精神能够体现出伦理道德的理想与价值追求，是对各种形式的伦理规范所进行的概括、提炼以及升华。因此，我们从教育领域伦理规范中统摄与归纳出具有总体性、内核性和支配性的伦理精神，以此作为模式构建普遍性和绝对性的伦理原则与道德规范梳理相关的研究成果，可以归纳出模式构建伦理精神的若干关键词。教育政策伦理规范强调"正义、公正、平等、民主"等。课堂教学是典型的教育管理活动。在我国，教育管理更强调管理者的责任，以人为本、注重人性以及自律等伦理要求。借鉴国外彼得·德鲁克"人本为基点，公平与效率为两翼，共同构成一个三角形的价值链"这一管理伦理思想，考虑到彼得·德鲁克提出的"公平"比正义、公正、平等有更为丰富的伦理内涵，且公平内含着自由，体现对人的尊严和生命成长价值的尊重以及强调基本权利的平等，因此将"公平"与"效率"作为模式构建的伦理精神是比较合适的。就"人本"和"人道"而言，虽然二者均把"人"作为目的，但后者从本质上说是一种道德哲学和价值取向，强调不论从目标还是手段上对所有学生的不同需求予以关怀与重视。而且，"人道"还从文化的角度对人性予以弘扬，认为教学人道的最终目的是实现人的全面发展，更是人的文化生成，认为"人与文化一体同化、双重建构的意识，是教学观念与行为的基本方法论前提"，所以以"人道"替代"人本"。由此，统摄与归纳出公平、效率、人道要素，三者构成模式构建伦理精神的内核。

（二）方法之维

1. 教法提炼

通常情况下，教师教学中会形成教学习惯，自觉或不自觉地遵照自己认定的教学流程与教学方法。这些教学流程与教学方法总是偏重经验总结而缺乏对理论依据的探寻，在教学目标和教学策略等方面缺少进一步的阐释。因此，要把教师的自我教学方法提炼为教学模式，需要依据教学模式的结构要素对这些方法进行进一步的提炼，例如教学模式的理论基础、教学目标和适用范围、教学环节及其顺序、教学流程各阶段学与教的策略等。

2. 实践归纳

其一是概括的抽象程度和角度会不一样。如此一来，同样一个教学过程就会被概括成多种不同的教学模式，不同的教学过程也可能被概括成相同的教学模式。特别是那些包含重复操作的教学过程，人们在抽象概括时，可能会将操作的重复部分去掉。然而，很多情况下，重复是刻意的和必要的。此外，人们在概括教学模式时，经常忽略一些操作。具体忽略哪些操作，取决于概括者的教学理念。

其二是描述无法客观统一。即使对同一个操作，不同的人可能会选择不同的文本描述以突出不同的理念。描述的混乱很容易导致教学模式"新瓶装旧酒"。而且，在教学模式的描述中，还存在着目的论特征，即将每个教学步骤的目的当作教学步骤本身。比如，"唤起注意"这类的说明属于目的性说明，没有说明教学到底发生了什么。目的论的描述在有关教学模式的文献中大量存在。

其三是无法为教学模式的有效性提供证据。教学效果通常是教学系统的整体效应，而教学模式只是教学系统的局部过程性特征，而且这个局部特征很难与其他局部特征分割开，所以我们无法说明教学效果与教学模式之间的因果联系。也就是说，教学模式的有效性既不能被证实也不能被证伪。设想一下，我们提出了那么多的教学模式，而且非常有信心地认为那些教学模式都是有效的，而对于任何一次教学来说，它不是符合这个模式就是符合那个模式，或者是多个模式的整合，我们就能认为这次教学是成功的吗？

3. 理论演绎

理论演绎是以教学理论为支撑，对教学提出理论假设，在此基础上演绎出教学的基本流程以形成教学模式，最后再在实践中加以检验与运用。利用演绎法构建教学模式，意味着在教学活动还没有发生，就对教学活动做出了事先预定。而且，我们可以根据理论观点设计开发出多种大同小异的教学模式，这便不能反映真实的教学过程，不能认识到教学实践活动中的情境性、生成性因素和怎样利用这些因素。

4. 模式借鉴

将他人的教学模式直接运用于自己的课堂教学实践，是教学模式构建的基点和常态，但任何一个成熟的教学模式运用于不同教师、不同学科、不同学校或不同班级时，都需要进行适应性改造。因此，我们应该在对他人的教学模式进行评价的基础上创新属于自己的教学模式。

对于以上四种常见的基本方法，我们都应该扬长避短，最为关键的是要做到理论与实践的结合，这是教学模式的功能所决定的。如前所述，我们关照教学实践，确立模式借鉴的基本立场和根本方法，这是因为教学模式的构建以教学实践的改进为依归。正如柳海民等学者所言："无论是一般原理的探讨，还是直接以改进实践为目的的研究，最终的指向都是面向实践的。"当然，这并不意味对理论作用的忽视，而是强调以教学实践为纽带，综合多学科、多视角的理论体系为模式构建提供理论依据与解释力，也唯有如此，才能焕发出教育理论的生命活力。科学的教学模式必须是理论与实践紧密联系并高度统一的产物。所以，教学模式建构过程通常是先有关于教学现状的调查研究，在调查研究中发现问题、揭示弊端，经过思辨形成新的教育理念，并寻求理论依据，在此基础上提出新的设想模式，再把设想模式放到具体的教学活动中去进行反复实践，在理论与实践的良性互动中逐步形成并不断完善成一种基本教学范式。

第三节　信息时代的课堂教学

一、信息时代对课堂教学的重大意义

在当前这个信息时代中，课堂教学活动的一个重要的表现方式便是信息技术与网络教学。因此，本节内容主要是从这两个方面对信息时代课堂教学的意义和价值进行详细论述。

（一）网络教学的生动性

在传统的课堂教学活动开展过程中，教师一般需要满足一个很高的要求，不仅要在课堂教学内容方面避免失误，而且需要在教学活动中充分激发学生的学习兴趣和积极性。从实际的教学活动开展与最终的教学效果来看，这种传统的课堂教学模式很容易导致课堂枯燥乏味，无法有效调动学生的激情和兴趣。而网络教学的产生与发展，使得课堂教学活动的形象性和生动性得以大幅强化。在网络教学活动中，教师可以充分借助互联网信息技术，在课堂上给学生呈现一些相关的视频、动画或者图片等，将本来枯燥无味的文字描述转变为生动形象的音视频、动画等形式，使学生能够更加深刻地认识和了解文字背后的鲜活。如此一来，教师在向学生传授专业知识的时候，也能够同时为其呈现更加多样化的知识，使其能够涉猎更加广泛的内容。在这种比较生动且新颖的教学手段支持下，学生通常会变得更加积极，而且学习欲望和主动性也能够充分被调动起来。这样一来，不仅能够推动学生更好地完成学习任务，而且能够引导学生建构更加多样化、覆盖范围更广的知识结构。如今来看，网络教学的形成和发展在很大程度上，从本质上变革了传统教学，给教学带来了深刻变化，使得课堂教学具有更强的生动性和形象性，不仅有利于教师更好地开展教学活动、学生更加高效地进行学习，而且能够推动师生之间更加紧密地联系与沟通。

（二）网络教学的协作性

教师的教学任务想要顺利完成，就必须有学生的认真配合，需要有教学硬件和软件的支持，甚至在很大程度上需要家长的协作与配合。而学生学习成绩的提高则是离不开教师的教导和指引，离不开学校为其提供的学习场所和环境，在一定程度上也离不开家长的监督。上述种种在传统教学方法当中是比较普遍的，即使是如今的教学活动，这种方法和手段也是占有较大比重的。但是其中会有一个无法避免的问题，传统教学手段很难有效解决师生之间课下的沟通问题。实际上，在学校教育中，师生之间的有效沟通和联系无论是对学生的学习来说还是生活而言都是非常重要的，师生之间关系良好、沟通紧密，通常更加有利于调动学生的学习积极性。基于这一状况，在网络教学背景之下，学校可以通过网络交流平台，如微信、QQ等在教师和家长之间建立必要的沟通渠道，并完善交流平台；还可以推动教师和学生进行更加有效和密切的联系，为教师创造更多了解学生真实情况的机会，以便更好地因材施教。与此同时，加强师生之间的交流互动，还有利于及时解决学生在学习或者生活方面出现的问题。这样一来，便强化了师生之间、教师和家长之间的协作与互动。

（三）网络教学的自主性

网络教学的形成和发展，使得在传统教学活动中，学生被动学习和接受知识的情况有了较大改变，自主学习越来越受到重视和青睐。在信息网络技术的支持下，教师可以以学校制定的教学大纲为基础，根据自身和学生的实际情况设计更具针对性的教学方案，选择学生乐于接受的方法来开展教学活动。而学生在网络信息技术的帮助下，也可以在课堂教学中更加便捷和灵活地汲取自己感兴趣、符合自己需求的知识。此外，在学习中遇到困难的时候，学生还可以利用互联网自行查找资料解决问题，也可以通过互联网学习和掌握书本内容没有、教师未提及的、自己比较感兴趣的知识。由此可见，网络教学对于师生自主性的发挥具有十分重要的影响。因此，学校必须重视其作用和价值，要采取有效措施对其进行完善。

（四）网络教学中资料的丰富性和共享性

通过网络信息技术的合理利用，教师可以在互联网平台中学习和借鉴其他学校或者教师的教学手段，也可以汲取他人的成功教学经验，还可以将自己的经验和优质资料与他人共享，这对于教师自身专业发展和综合素质的提升都有积极推动作用。作为一个开放共享的信息平台，教师在网络空间中不仅能够接触到本国各个领域的信息资源，还能够认识和了解别国的教育资源或者风俗习惯等。在如今这个越来越多样化的时代中，一个单调的人就如同一台无法联网的电脑，是非常令人乏味的。因此，将网络信息教学技术应用到教学活动中，就在一定程度上为学生提供了一个更加多样化的资料来源，学生可以通过网络技术了解和掌握课本内容不涉及，或者教师也不清楚的相关资料与知识，也可以和更多人分享自己掌握的比较有趣的资源。此外，网络教学中的资料具有非常明显的丰富性和共享性特征，其不但能够为师生提供更加多样、更加便捷的学习与交流的机会，而且能够给热爱学习、喜欢学习的人提供一个更加高效的平台。

二、信息时代教学危机的表现

（一）教师权威急剧下降

在人类社会中，之所以需要教育活动，主要的一个原因就是人类的宝贵经验需要代与代之间传递，而上一代人之所以能够教育下一代人，一个非常重要的原因就是二者之间的信息存在明显的不对称性，也就是德国教育学家布列钦卡提出的"成熟差"。从某种意义上来看，这种不对称性的存在是和成人掌握的信息多于儿童，并且信息检索和处理能力更强等因素有很大关系的。因此，教学活动均是依托于教师信息优势这一基础建立的，也是有效缩小儿童和成人之间信息鸿沟的一个重要桥梁。也正是因为有信息优势，教师的权威地位才能够巩固下来。但是，社会发展到如今这个信息时代，互联网信息技术越来越先进，科学技术水平越来越高，并且通过一定的电子媒介建构，创设了一个含有海量信息的共享平台，信息公开化程度越来越高，世界变得越来越小，也变得越来越透明。在当前这个时代，只要能够掌握一定的信息技术，无论何人都可以比较自由地进入信息平台之中获取信息。因此，相较于传统社会，如今一些儿童获取信息和知识可能比成人更快、更多。这种情况的日益普遍，直接导致传统社会中成人所具有的神秘性和权威性消失，儿童对其的好奇心和求知欲望也逐渐减退，影响到儿童参与学习活动的积极性。尼尔·波兹曼曾经对这一现状的出现非常担忧，他曾经表示，虽然电子媒介给人们生活带来了很大便利，但是一旦被滥用，就很容易肆意揭示文化秘密，这对成人的权威和儿童的好奇都会产生明显的不利影响。对于这个世界而言，无论是已知的还是未知的，都是通过好奇连接到一起的。在传统社会中，大部分好奇的发生，在儿童和成人世界中是相互分离的，儿童想要进入成人世界、了解成人世界，就必须通过提问或者学习等方式进行。而在信息社会中，网络媒介的发展使得两个本来分离的世界组合到一起，这个时候本来的神秘感就会被揭开，张力必然会有所弱化，也自然会导致好奇的演算方法出现变化。于是，儿童获取信息可能不再是依靠具有权威性的成人，而是依靠一些出处比较混乱的新闻获取，可能还没有开始提问的时候，就已经被给予众多各式各样的答案。这种情况简单来说，就是我们身边可能不再有纯粹意义上的儿童了。当代际差异被逐渐拉平的时候，教师的权威性就很容易减弱甚至消失。

（二）教学生存方式维艰

在教学活动中，媒介不仅是进行信息传递过程中需要用到的一个重要工具，同时也代表着与之相对应的认识论、性格特征以及价值系统，也就是我们所说的生存方式。在20世纪上半叶的时候，海德格尔就曾经提出一个重要的论断，即如果我们将技术看作是一种偏向中性的事物，那么我们就很容易陷入任其摆布的境地。究其原因，虽然大多数人都比较喜欢也愿意采纳这一观念，但是其很容易导致我们无法正确地认识到技术的本质。在这个世界上，实际上并不存在真正能够随手利用、随处安置的纯技术，因此信息技术和媒介不仅是人们生存方式的一个重要体现，而且是人们生存方式中相当重要的一部分。在传统社会中，很长时间以来，开展课堂教学所依托的一个基础都是印刷文化，而作为隐喻和认识论的印刷机则为人们创设了一种极具想象力且严肃理性的生活方式。具体而言，文字可以充分激发人们的意象，能够帮助读者从想象与经验中衍生出来更加丰富且多样化的意义。书本能够通过每一行、每一页将绚烂的世界呈现在读者眼前，但是书本中的世界往往是比较严肃的，其中人们的生活也往往是非常理性的，主要是通过逻辑性较强的批评或者其他理性手段来完善自我。在这种理念和状况下，学习者就必须具有较强的专注力、忍耐力，以及阅读、思维和理解判断等能力。而在信息时代，这些都变得更加困难。究其原因，电子媒介的出现为人们创造出一种与传统生活有本质区别的生活方式：电视使得很多事物的具体形象直接印刻在我们心中，而不再是头脑中的抽象概念；网络技术将海量信息直接呈现在我们眼前，并且通过比较夸张的标题或者图片吸引人们的注意，诱导人们点击鼠标，使得很多人都沉迷其中。相对来说，传统课堂教学很容易给人带来一种无聊且难以忍受的感觉，如课本内容太过单调陈旧、知识太过古板、教师讲解也只是单纯地依靠文字语言，导致教学活动枯燥、晦涩，很难激发学生的学习兴趣。由此可见，传统教学方式已经很难适应社会发展，很难满足人们的变化需求。在教学活动中，经常会有教师说"学生变得越来越难教"，甚至会对教学活动产生一种难以名状的畏惧感。从上述内容可以发现，信息时代的教学生存方式已经出现了一定的危机。

事实上，面对信息时代给教学活动带来的危机，无论是学校还是教师，并不是任其出现而不管不顾的。先进的信息技术不断被导入课堂教学活动中，也在很大程度上推动了课堂教学活动的变化和发展，如教学内容的信息量越来越丰富，以及教学课件越来越多样、越来越生动形象。但是需要认识到，信息技术的有效运用并不等同于有效化解其带来的教学危机。在某些情况下，可能也正是教学危机的一部分。在信息技术的支撑下，课堂教学活动虽然不再枯燥单一，但是也逐渐变得不再严肃，娱乐化现象越来越明显；知识虽然不再古板，但是很多也不再具有深刻意义，反而是越来越肤浅和表面；一些时候信息技术的应用不但没有激发学生学习和思考的积极性，反而使其更加沉迷于网络或者娱乐。这种教学活动中常常隐藏有更加深层次的教学危机。除此以外，这种课堂教学活动一般还会导致教师的生存危机。例如，为了吸引学生的注意力而不得不过度利用信息技术来维持教学和活动，导致形式大于内容，教师无法进行独立思考，无法自主决定自己的教学方式和模式，时间一长就很容易交出"内在的自由"，成为信息技术的奴隶而迷失自我。

三、信息时代背景下教学反思的新维度

（一）反思学生的学习效果

在课堂教学活动中，通过对学生的反应和状态进行观察与了解，教师便能够清楚本节课收获的大概效果。一般而言，如果学生神情比较愉悦，常常表示学生已经理解或者掌握了课堂知识；如果学生面部表情比较高兴，就表明学生知识掌握良好；如果学生面部表情比较纠结，或者一副紧锁眉头的沉思状，往

往表示学生并未完全掌握相关知识，可能是因为进度太快、内容难度比较大或者知识点比较多。如果学生在课堂教学活动中能够积极主动发言和回答问题，就表示学生对知识的理解和消化比较好；如果学生不主动回答问题，或者教师提问的时候错误回答较多，就表示学生没有真正掌握和理解教学内容。鉴于这种情况，教师必须对这种教学效果进行反思和阶段性总结，在其中找出一定的规律，然后找到解决问题的有效方法，这无论是对学生的学习还是自身的专业发展都是具有积极作用的。

（二）反思教学方法的选择

"教学有法，而教无定法。"在课堂教学活动中，究竟应该采取什么手段和方法，是根据教学内容选择，还是根据学生的认知水平选择，抑或是根据教学状态、教师自身风格等进行选择设计，都不能一概而论，需要根据实际情况进行具体分析。对于一节课来说，最重要的应该是学生最终的接受效果。因此，开展课堂教学活动的时候无论选择什么样的手段，都需要考虑受学生欢迎的程度这一因素。很多教学方法可能看起来很好，但是青年教师未必有良好的掌握，而对于自己掌握的教学手段，教师必须进行筛选，找出其中最适合自己的。对于教学方法而言，没有最好，只有更好和更加合适。同一种教学方法，在不同的教师手中可能收获不同的教学效果。所以，当教师发现教学方法没有获得令人满意的效果时，不要急于否定，也许不是方法不对，而是应用时机或者对象不合适。针对这一点，教师应该主动和办公室其他教师积极讨论，和经验丰富的教师多商量，向他们寻求帮助，从而更好地解决教学问题。

（三）反思教学媒体的使用

多媒体信息技术具有明显的外部刺激多样性，对于激发学生的积极思维和学习欲望非常有利。在开展教学活动的时候，教师将信息技术引入其中，通常能够使知识表达多形式化。在多媒体信息技术的支持下，教师不仅能够为学生建构一个个性化的学习环境，而且有利于营造一个团结合作的学习氛围。因此，将信息技术有效融入各科课堂教学活动之中，是进行具备创新精神与较高学习能力人才培养的一个行之有效的方法。但是需要注意一点，即课堂教学是处于一个动态变化过程之中的，学生更是千变万化、存在明显差异的。因此，无论是何种教学模式，都并不是一个可以制胜全部教学活动的法宝，信息技术也不是一把万能钥匙。

（四）反思小组合作交流

之所以要将小组合作交流引入教学活动中，最主要的一个目的就是推动学习活动的顺利开展，这也是教学内容真正需要的，而不是为了交流而交流、为了合作而合作，或者是为了应付检查而故意做做样子。作为21世纪的学生，无论是物质基础还是精神世界，都远不是上一代人能够想象得到的。如果教师不能根据实际情况来对教学活动进行适当改进，不能做到优化教学效果和完善教学模式，那就是在浪费学生的时间，浪费学生的青春。不仅会白白浪费教学资源，而且教师自己通常也会具有一定的负罪感。小组合作交流比较重视实效，而不是外在形式。因此，教师应该养成良好的行为习惯，要以具体的教学内容为基础来选择适当的小组活动，每节课可以适当安排1～2次。当然，学生所处阶段不同和认知水平不同，相应的要求也往往存在差异。

总而言之，对于传统学校教育中的单纯灌输式教学模式，必须加以改变和完善，要引导学生主动参与到课堂教学活动当中，让他们亲身体验学习内容。这种做法表面看会浪费宝贵的课堂教学时间，但是如果能够坚持下去，他们接受知识的速度往往就会更快，最终获得的效果也往往会更好。依据建构主义理论相关内容来看，学习活动是学生自主建立知识结构的过程，而不是将知识简单地装进脑袋。因此，教师在反思学生的学习方式时，应当学会换位思考，将自己定位为学生，从学生视角来看待各种问题，这样能够更加清楚地认识教学方法中存在的问题，从而更具针对性地进行解决。

（五）反思师生互动方式

在开展课堂教学活动的时候，构建民主和谐的课堂氛围，对于学生更好地开展学习、教师更好地调整教学策略以及更加有效地实施教学互动，都是非常必要的。身处于一个民主和谐的课堂教学活动中，如果学生能够保持愉悦、充满激情，那么就有利于知识的发现和创新，这也是建构知识的一个必然条件，是进行知识传授的一个要求。如启发式教学，对于教学形式并不会看得很重，反而会将关注点放置在学生的思维发展以及学习积极性的调动与激发等方面，关注教学内容和教学策略是不是能够充分吸引学生。因此，教师在进行师生互动方式反思的时候，可以在某节课专门安排几分钟对学生进行提问调查，或者阶段性地进行问卷调查，充分征求学生的意见，以此为基础来对互动方式进行适度调整，向比较受学生欢迎和青睐的方向改变。

（六）反思对学生学法的指导

从当前我国实际教学活动开展状况来看，教学模式基本上都是以教师为主导地位。这种教学模式非常明显的优势就是能够充分发挥教师的价值和作用，教师能够更加全面和具体地对整个教学活动进行组织和监控，因此对于系统地向学生传授知识是非常有利的。而其中存在的重大问题就是教师作为知识权威，对课堂活动有主宰作用，学生的认知主体作用无法有效发挥出来，对于创新创造性人才的发展极为不利。

目前来看，一步到位地完成传统教学方法改革非常困难，也是非常不切实际的。但是，如果在教学活动中适度强化对学生学习策略的指导，更加深入地了解学生，更加直观地感受其学习环节和过程，往往对于改进教学模式和手段具有积极的推动作用。尤其是在当前这个信息时代，对学生进行学法指导的重要性已经充分显现出来，学生的学习方式和渠道越来越多样化。

（七）反思教学情境的构建

适当的学习情境能够将比较抽象的知识和内容转变为更加具体、形象、生动的生活事件，而且其中一般都会含有或强烈或含蓄的情感因素，如在语文、历史等文科课程的开展过程中，感情因素就常常非常突出。因此，建构适当的教学情况，能够更好地应对和解决纯粹认知活动中存在的缺陷，推动学习活动从单纯的知识灌输和掌握，转变为包含丰富情感体验的综合性活动，这对于最终学生学习效果的强化具有重要作用。

鉴于此，在课堂教学结束以后，教师必须要对教学情境进行深刻反思，如情境是不是符合学生的实际需求、是否能够帮助学生更好地理解和接受知识、是否能够推动教学效果的提升，等等。必要的时候，学校相关部门可以将教师优秀的课堂教学，通过多媒体信息技术记录并保留下来，提供给其他教师观看以指导其他教师，通常能够收获更好的教学效果。

四、信息时代的教学方法创新的措施

（一）运用信息技术推动教学理念的创新

在对教学方法进行创新的时候，一个关键之处就是要转变教师传统落后的教学理念。教师应当与时俱进，紧跟时代和社会发展潮流，主动学习和掌握新的教学理念。随着时代的进步和发展，现代化网络信息技术水平越来越高，也越来越普及，教师通过网络信息技术，便能够学习和了解更多教学理论与方法。就当前的实际情况而言，随着大数据、云计算等的发展，网络学习变得越来越方便和多样化。因此，教师也可以充分利用信息化的便利性，学习和掌握更多更加优质的教学模式和理论，掌握更多实用的现代化多媒体教学技术，并将之融入课堂教学活动之中。

此外，教师在转变和革新自己的教学理念的时候，还必须对学生的实际情况有足够的了解，如学生的认知水平、兴趣爱好、学习的习惯和掌握的手段等，这些均是个性化教学实施的一个重要前提。在这个信息时代，教师可以通过多种专业化的教学平台来充分认识与了解现代教育动态。利用专业化的计算机网络软件来建构更加科学合理的教学体系，对教学手段进行变革和优化。在这一基础之上，教师还可以通过创建网络数据库来将教学目标、手段、过程、评价以及反馈等充分融入一个完整教学体系中，需要注意确保每个部分不会孤立存在，而应该相互联系。在建构完成的教学网络数据库中，应该对教学手段和评价等，依据实际情况进行具体分析，掌握教学活动的开展状况；对于教学评价和反馈要采取必要措施进行调整，改善教学手段和方法，如此才能够更好地优化教学手段和方法。

（二）探索具有学科特色的教学方法

在当前这个信息时代，多媒体信息技术和教学实践活动之间的结合，变得越来越密切，信息技术的不断革新与发展也推动了现代化教育发生很多实质性变革。在信息时代，对教学方法进行创新是教学活动中一个非常关键的问题，也是一个涉及范围比较广泛的话题，不仅是关系到教师这一群体的问题，而且是涉及学校、社会甚至国家等多个层面的问题。从当前课堂教学实践来看，教师将自己的全部时间和精力均放到课堂教学活动中已经不切实际，而在具体的教学实践中为其提供一个更好的机会显得愈发重要，要帮助学生掌握更多有效思考问题的方法，使学生能够养成更加灵活的思维模式。这就要求教育机构、教育部门甚至教师能够探索具有学科特色的教学方法。探索具有学科特色的教学方法就是要尊重具体学科的实际情况，针对学科的具体特色制定相应有效的教学方法。比如，可以利用现代信息技术建立学科教学信息平台，将每个学科分成一个独立的信息库，语文学科有语文学科的信息平台，数学有数学学科的信息平台，英语有英语学科的信息平台……这样每个学科都有一个相应的教学信息库。在学科信息平台上，教师可以制订自己的教学计划，上传自己的教学视频和教学方案；学生可以在学科信息平台上学习知识、进行讨论，分享学习心得；教师和学生也可以互动交流。这样就能够填补课堂教学的缺陷，同时也能够给教师创新教学方法提供更多的思路。

（三）加强培养教师的计算机信息技术能力

信息时代的教学方法创新离不开教师信息素养的提高，学校要有规划地强化教师的计算机信息能力。学校可以提供更多培训的机会，让教师能够更多地了解现代信息技术发展的状况。教师自己也要有与时俱进的意识，树立终身学习的观念，自觉学习现代信息技术，熟练掌握计算机办公软件，学习制作教学课件和教学视频。只有教师的信息素养提高了，教育信息化的发展才有可靠的保障，信息时代的教学方法创新才能够保持长久的生命力。

第四节 现代教育技术与课堂教学的融合

一、现代教育技术的含义

所谓现代教育技术，主要指的是当前教学活动中所应用的教育技术。在现实生活中，很多人会将之误认为最新出现的教育手段，这是非常片面且不准确的。严格来说，现代教育技术和我们平常习惯性提及的教育技术之间是没有本质区别的，只要能够推动教育信息有效传递，则无论是所谓的传统手段还是现代化多媒体信息技术手段，都可以称为现代教育技术。

此外，现代教育技术中的"现代"主要含有两个层面的意思：第一，是在教育技术认识当中引入系统观点，即教育技术不仅是对多媒体技术的应用，而且是对教学过程和具体的教学资源进行开发设计和利用管理；第二，是强调现代化信息技术的应用，如我们经常提及的多媒体信息技术、人工智能技术以及虚拟现实技术等。基于这一认识，在教育技术界定的基础上，我国教育领域相关研究者从我国实际情况出发，对现代教育技术进行了一定的论述：所谓现代教育技术，主要就是利用现代化教学理论和教学技术，对教学活动的环节、资源以及过程等进行开发设计和应用管理，以实现教学优化的理论和实践。在这一认识当中，重点应当注意以下几个方面：

第一，所谓的应用现代教育技术，并不是说单纯地应用先进技术手段，而是应该以先进的教育思想作为向导，并将之与教学基础理论进行有效结合，从而推动全面素质教育的发展和进步。在这一过程中，应该注意对学生动手能力的培养，鼓励其进行开拓创新，并将先进的教育思想充分融入教学活动中。

第二，现代信息技术是现代教育技术应用和发展的一个重要基础。对于很多学校而言，现代信息技术都是将多媒体信息技术和网络化数字技术等，作为现代教育技术的核心内容，致力于将其优势和价值在教学活动中最大限度地发挥出来，从而形成以其为基础和依托的信息化环境，获得更多数字化教学资源和内容。

第三，现代教育技术主要是对教学过程、环节、资源以及内容等进行充分研究，其主要目的就是推动教学内容更加完善，使教学资源的利用更加科学合理。因此，在教学活动中，现代教育技术要求教学实践应当获得教和学双优的结果。此外，在进行教学资源分配的时候，同样需要关注教学过程的完善进度。因此，在现代教育技术的支持下，教师必须科学合理地选择和分配教学资源，要为学生建构现代化和多样化的学习环境，研发信息化教学软件，从而建构出更加高效的新型教学模式。

第四，现代教育技术应用的一个非常重要的目的，就是对教学活动进行优化。因此，将先进、科学的教育技术和手段应用到教学活动中，将其优势和价值充分体现出来，是非常值得推广的。

从上述内容来看，学校要想将现代教育技术的这些价值和优势充分体现出来，更好地推动教育信息化程度的提升与发展，就必须满足如下一些重要条件：

第一，对于教师而言，应该主动变革传统陈旧的教学模式，要具备构建现代化信息化教学环境的能力。

第二，对于教育资源而言，学校应当充分利用网络的优势，构建多媒体和网络教学资源库，从而更好地实现资源共建共享。

第三，从设计方面来看，学校应当强化多媒体信息技术和网络技术的建设力度。

第四，从环境方面而言，学校应该建立多媒体和网络化教学资源和教学应用过程的策划。

第五，从过程方面而言，学校应该根据现实条件将多媒体教学技术和网络信息技术有效引入课程教学活动中，在进行实践和探索的基础上建构和完善教学模式。

二、现代教育技术的特征

（一）数字化

现代教育技术的数字化主要涉及硬件设备数字化、软件平台数字化以及信息资源数字化。数字化的出现和发展，使得信息传播更加便捷、速度越来越快、传送的范围也越来越广泛，使信息资源的高度共享得以实现。具体来看，现代教育技术数字化的优势体现主要涉及以下几个方面：第一，信息承载空间更大；第二，空间的占有率越来越低；第三，信息和数据的传输与存储越来越便利。这几个方面为网络化教学模式的建构奠定了一个坚实的基础。从传统陈旧的信息保存手段来看，书本可谓是唯一的存储媒介，甚至主宰了一个时代的教育。但是从当前社会环境来看，书本的缺点是非常明显的。例如，在遇到一些灾祸的时候，书本很难获得保全，一旦遭到毁坏，往往也就意味着书本中记载的知识也随之消失。而在信息化社会，信息存储的手段和方法可以说是多种多样，其中最突出和最具优势的一点就是网络技术的应用，为信息存储提供了更大便利。从当前的社会发展形势来看，具有更大容纳空间的载体正不断涌现出来，数字化的优势在教学活动中愈发体现出来。

（二）网络化

现代教育技术的网络化是一种更加新颖的教育模式，突破了时间、空间以及地域等诸多方面的限制，使得社会上每一个区域，甚至世界范围内每一个角落都能够被计算机网络触及，如近些年提出的开放大学就是一个典型体现。在这一教育体制的作用下，我们每个人都扮演着教师和学生这样一个双重角色，即使身处具体的教学活动中也同样如此。如学校教育中的教师如今已经不仅仅是教师这单一角色，实际上也在扮演着学生的角色，使得师生平等得以顺利实现。此外，在这种教育体制的作用下，人们工作和学习之间本来具有的界限也被打破，使得工作生活融合程度越来越深，我们每个人在任意时间和任意空间，都能够通过互联网信息技术来自主学习、工作或者娱乐，这也正是我们所追求的真正意义上的个性自由。在教学活动中，多媒体教育网络所具有的方便性和优势，使得很多事情都能够在较短时间内顺利完成，每个人都能够平等地享受到高质量的教育，对于全民教育的实现和发展具有重要的推动作用。

（三）多媒体化

在互联网信息技术的作用下，所有的设备都能够便捷地传递、处理和表现多媒体信息，能够更加多元化地将教学信息充分呈现出来。现代教育技术将文字、图片、视频、动画等诸多形式集合到一起，并且通过引入和更新更为先进的技术手段，能够更加顺利地实现虚拟环境的建构，可以给学生带来视觉、听觉等更加全面综合的感官刺激。其所带来的效果和优势是单一途径无法相比的，有利于更好地获取和保存知识信息。综上所述，与传统教学模式和系统相比，多媒体教学技术能够为学生带来更加全面和综合化的感官刺激，使得信息容量越来越大、传递速度越来越快、信息传输的质量越来越高、覆盖的范围越来越大。除此以外，多媒体教学技术还具有操作简单灵活、交互性突出等优势。

（四）智能化

现代教育技术的智能化特征主要是从其软件、设备以及资源这三个方面表现出来的。引导学生积极参与到个性化和互动性强的智能学习环境中，有利于全新个性化学习模式的顺利开发和实施。从当前教学活动中比较流行的智能辅助教学系统来看，通常都会具有"教学决策""学生模块"以及"自然语言接口"等，因此其所具备的一些功能和优秀教师相比是毫不落后的。例如，智能化教育技术对于学生的学习能力和特点、认知水平等的认识和把握，往往更加准确；能够从学生不同特点和兴趣等出发，来选择恰当的教学内容与手段，而且能够对学生进行更加科学性和个性化的指导；允许学生用自然语言与"计算机导师"进行人机对话。

三、现代教育技术对课堂教学的推动作用

（一）激发学生学习兴趣

现代化教学媒体一般都会具有多样性、新颖性、艺术性以及趣味性等特征，对于刺激学生感官系统、激发学生的注意力和学习欲望、发展学生的思维能力以及促进学生的学习积极主动性等都有非常重要的作用。因此，将现代教育技术充分应用到课堂教学活动中，有利于拓宽学生的视野、强化其记忆能力，有利于推动学生观察、思考以及运用知识等能力综合协调发展，能够充分调动学生的智力和非智力因素，共同参与其中。对于强化学生的学习动力、激发学习热情和积极性、改善学习方法与手段都具有积极意义。将现代教育技术引入教学活动中，改变了传统教学手段单一且枯燥的现状，使得教学方式和手段更加生动直观、更加平面化和具体性，一些本来比较抽象的内容也变得更加容易理解和学习，为学生自主学习和根据自己的兴趣爱好，选择自己所需知识进行学习提供了良好的基础条件。学生对学习新知识的兴趣得到逐步提升，探

究新问题的信心也得到强化。由此可见，将现代教育技术引入教学活动中，对于推动学生获得更好的学习效果，掌握更多、更系统的知识具有重要作用。

（二）促进学生思维发展

一般来说，学生的常规思维都是从具体形象思维慢慢向抽象逻辑思维过渡和发展的。因此，在教学活动中，教师必须对学生的思维发展特点有足够清楚的认识，并且以教学内容为依托条件，选择合适的教学媒体与教学手段，从而丰富和发展学生的感性认识，使之逐渐上升到理性认识，这便称得上是教学活动中的"飞跃"。鉴于此，教师在将现代教育手段引入教学活动的时候，应该对学生的年龄特点和所处阶段进行必要考量和分析，然后根据教学内容和要求，选择适当的教学媒体和手段，从而更好地推动学生综合能力的提升与发展，推动其创新能力和实践应用能力的提升，使之思维能力、学习能力以及想象能力等得到均衡发展。

（三）提供丰富的学习资源

随着现代教育技术的不断发展和应用，教学资源越来越丰富，资源共享的程度越来越深，范围也越来越广。因此，教师在备课的过程中，可以依据不同的教学内容，利用信息技术，有选择性地在网络空间中下载自己真正所需的多形式教学资料，如视频、动画、图片等，然后根据课堂教学的实际需求和学生的需求来进一步筛选。此外，教师还可以通过电子邮件、微信、QQ等交流工具，来便捷和高效地与其他教师进行互动和交流，如共享彼此的教学资料、交流彼此的教学手段和经验等，从而有效弥补自身存在的不足，缩小教师之间的差距，进一步增加和丰富课堂教学的内容，从而有效提升教学活动的质量与水平，获得更好的教学效果。随着互联网信息技术的不断发展，网络空间中的网络课程、学习网站、教育平台等越来越多，学生的选择性越来越大，可以随时随地通过各种平台和系统来进行自主学习，或者与教师及其他同学进行经验交流与互动。简而言之，现代教育技术的应用为学生提供了更加丰富的学习资源和更加广阔的学习平台。

（四）促进师生相互交流

在教学活动中引入现代教育技术，有利于推动教师和学生共同参与其中。计算机网络平台的合理应用，能够更好地保障师生之间的交流和互动。在教学活动结束以后，教师可以利用多媒体信息技术，将课堂教学录像以及相关资料都放置到网络平台中，学生可以自由点播来观看和学习在课堂上没有掌握的知识。在自主观看以后，如果仍然存在部分问题得不到解决，学生还可以通过平台上的电子邮件、留言板以及即时沟通等方式与教师和其他学生进行交流互动，使得课堂教学活动得到一个很好的延伸。在课堂教学活动中，合理应用现代教育技术，有利于引导学生全身心地投入教学活动，参与到知识收集和整理以及问题讨论等过程中；有利于学生主观能动性和学习积极性的激发，从而体现出学生在教学活动中的主体地位；有利于密切师生之间的交流互动，从而更好地实现学生之间、师生之间的多向交流，推动教学效果的有效提升。

四、课堂教学中现代教育技术运用的误区

（一）为运用技术而教学

现代教育技术应用下的教学活动，要求教师必须重视素质教育的实施和发展，要充分利用计算机信息技术、互联网数字化技术等，来丰富和扩大课堂教学的信息量，充实教学内容，从而有效提升教学质量。但是，从实际的教学活动来看，存在的一个很突出的问题就是仅仅将现代教育技术设备作为一个比较先进的板书工具，只是单纯地把传统教学活动中的"黑板板书"内容移至屏幕上而已。这种现代教育技术的应用只是在一定程度上减轻了教师的工作量，简化了课堂教学活动的板书环节而已，使得其仅仅作为一种教学的装饰和点缀被应用，而忽视了学生在教师板书环节自主思考的重要性，对学生思维能力和创造能力培养有不利影响。这种应用方式和传统教学活动相较而言，实际上并没有什么实质性的进步，现代教育技术的功能和价值也没有充分发挥出来。在教学活动中，虽然应用了现代教育技术，但实际上仍然是传统的单向灌输式手段，教学形式仍然是教师讲、学生听，教师仍然是知识的灌输者，学生依旧是被动的知识接受者，学生并未真正参与课堂教学活动中，教师和学生之间也无法进行有效互动和交流。从这一方面来看，现代教育技术组织教学形式和传统的教学形式之间，实际上并没有实质区别。

除此以外，部分教师虽然通过现代教育技术的应用，使得课堂信息更加多元化，教学结构得到一定的改进，课堂教学内容也得到一定程度的扩充，但是教学进程和传统教学相比明显加快，学生往往跟不上教师的教授速度，无论是思维还是笔记都会落后于教师的速度，最终课堂教学活动结束以后，学生依旧

无法有效理解教学内容。时间一长，便会对学生的学习兴趣和积极性产生严重的不良影响，从而影响教学活动的最终质量与效果。

（二）教师对教育技术过度依赖

随着互联网信息技术的不断发展，各种形式的教育资源不断涌现，为教师备课带来了极大便利，使得其能够收集更多知识提供给学生。也正是基于此，教师在具体应用的时候出现了一些问题，非常明显的一个问题就是无论教学内容适不适合应用多媒体技术都会去应用，导致课堂教学成为单纯的多媒体展示，对于学生想象和感悟能力的发展极为不利，而且忽视了教师的主导作用，不仅影响到最终的教学效果，学生也容易出现媒体欣赏疲劳感。此外，一些教师在开展多媒体课堂教学活动中的时候，很容易将全部精力放到课件演示上面，忽视了学生的实际反应，导致教师和学生之间互动交流变少，甚至出现没有多媒体教学技术就无法顺利开展教学活动的情况，严重影响了教师主导作用的发挥。

（三）忽视教师的主导地位

在教学活动中，之所以要充分利用现代教育技术，一个重要目的就是将那些比较抽象和晦涩难懂的知识，转变为更加直观生动的形式来呈现给学生，使教学内容更具吸引力，使学生能够更加全面和深刻地掌握相关知识，从而使教学活动达到事半功倍的效果。但是在实际教学中，一些教师只是单纯地将现代教育技术应用其中，而没有对传统教学模式进行适当变革，只是利用多媒体信息技术替代教师本来的教学过程。在利用多媒体信息技术的时候，教师不但将模型、音视频等媒介转入电脑，甚至还会将内容和概念的引入、过程讲解以及实际操作等也都直接搬到电脑上，教师从原来单纯的知识灌输者变为信息技术操作员。这种现状直接引起的后果就是教师成为多媒体的附属品，教师的主导作用和学生的主体作用都无法得到充分发挥，学生的学习兴趣和热情无法得到激发，师生之间的交流无法得到巩固与拉近，最终导致学生综合能力无法顺利提升。

五、加强使用现代教育技术手段优化课堂教学的策略

（一）建立完善、系统的管理制度

1．更新教育观念

首先，作为教学活动设计者的教师，必须转变传统落后的教学观念，打破固有教学思想的束缚，将多媒体教学技术的优势与价值充分体现在课堂教学活

动中，为学生建构愉悦活泼的教学氛围。其次，教师需要消除对现代教育技术应用的误解，要充分认识到将之应用到课堂教学活动中并不是为了使教学更加省事，也不是为了让教师不用进行课前准备，而是为了让教师能够有更多时间和精力投入教材、教学内容等的深入研究上面，从而提升自身的教学水平。

2. 加大经费投入，改善现代化教学设施和设备条件

在将现代教育技术应用到课堂教学活动中的时候，学校的硬件设施是其依托的一个重要条件。因此，学校和相应的教师必须采取必要手段，在充分利用已有教学设施与条件的基础之上，进一步做好现代化教学设施与设备的管理和增置工作，要强化经费投入力度，建构一个校园网、多媒体教学手段和设备等有机融合的教学中心，从而为现代教育技术的应用提供完善的基本条件。此外，在改善现代化教学设施设备条件的时候，还应该注重学校电子阅览室的建设，要鼓励教师利用多媒体教学技术来辅助课堂教学实践。

3. 加大培训力度，提高教师现代教育技术的认识和技能

对于教师队伍而言，不同的教师其知识水平和教学素质也是存在差异的，尤其是在对待现代教育技术方面，往往年纪较大的教师比较不容易接受。鉴于此，学校应该加强对教师的培训活动，从不同层次和不同角度来对教师进行相关的技能和理论培训，如多媒体辅助教学技术的合理应用、教学课件的制作与设计等，从而多方面、综合性提升教师的现代教育技术应用水平。

4. 建立奖励机制，调动教师应用现代教育技术的积极性

随着现代化教学技术和手段的不断应用，课堂教学活动变得越来越轻松和活泼，在一定程度上推动了教学效果的提升。因此，学校应该趁热打铁，尽快制订出一套科学合理的教学评估指标，具体内容应该能够合理评定教师的投入程度。因此，在指标制订过程中，应该将教师学习和应用现代教育技术置入评估指标中，并且应当从政策角度制订出切实可行的奖惩与支持方案，从而激励教师以更高兴致地投入建构多媒体教学优良环境中。

（二）注重学科建设，培养优秀人才

教育技术应用作为近些年来发展起来的一个新的应用型学科，无论是其自身的理论体系还是具体的应用实践，中间都有明显的不完善地方。在较长的一段时期内，我们对教育技术进行研究的重点多放在硬件环境建构和软件开发等方面，而具体如何将其应用到教学活动中经常被忽视，关注度偏低，研究也

不够深入。从某种意义上来看，这种情况的存在与教育技术应用到教学实践中出现各种问题之间是有很大联系的。在对教育技术相关理论进行研究的时候，如果脱离教学实践，那么其指导作用必然会消失不见。由此可见，强化教育技术学科的建设，对于将教育技术合理应用到教学实践中具有非常重要的意义，在培养教育技术优秀人才上面也具有一定的决定作用。教师在将现代教育技术应用到课堂教学活动的这一过程，实际上就是集中应用教育学、心理学、教学设计等诸多方面理论知识的过程。因此，在对教师进行多媒体技术培训的时候，还需要重视其理论水平、教学设计、教学内容开发等多方面能力的提升。

（三）重视多媒体课件的制作

1. 精心的教学设计

在现代化教学环境中，教师在设计和制作多媒体课件的时候，必须对学生这一群体进行充分考虑，要将激发学生学习的积极性和主动性、培养和发展其创新能力置于首要地位。一般来说，教师在设计多媒体课件的时候，都会经历需求分析—资源分析—教学设计—编写文字稿本—系统结构设计—编写制作稿本这六个环节和阶段。在这一过程中，教师需要依据主要的课堂教学内容、教学要求以及学生的实际情况来确定是否需要制作和设计多媒体课件。如果需要，教师必须对所有课程、单元以及每一节课都精心设计，在丰富和扩充课件素材基础之上自己动手，设计出符合自己需求、独具特色的个性化课件。

2. 适当应用教育技术，突出教学重点难点

在将现代教育技术应用到课堂教学活动的实践中，一些课堂教学仅仅将技术应用停于表面，对于美感的追求大过了实用价值。这种教学活动在最初阶段可能会吸引很多学生的兴趣和学习欲望，但是时间一长便很容易出现反效果，学生很容易专注于一些形式化、与课堂教学内容无关的事物，导致其无法全身心地投入到学习活动中。这种单纯追求教学活动的华丽，常常会导致学生在学习过程中顾此失彼，进而导致课堂教学效果低下，导致现代教育技术不但无法发挥作用，反而成为教学干扰源。因此，教师在应用现代教育技术的时候，必须把握好一个度，适当应用才能够获得较好的效果，但是一旦应用过度，就必然会冲淡教学主题。此外，教师在设计多媒体教学课件的时候，还应该突出重点和难点内容，切忌随意切换和呈现，要注意把握时机。

（四）课堂教学中的措施

1. 突出课堂教学中"主导—主体"的地位

课堂教学的主体和主导都是人，不应让机器扮主角，应注意教学手段运用的适度。运用多媒体教学一定要做到内容适量，让学生来得及看，来得及思考，使学生有理解和记忆所学知识的余地，不应让多媒体成为代替教师向学生灌输知识的机器，变"人灌"为"机灌"，更不应该"人机共灌"，把学生当作接受信息的容器。每次课前认真备课、修改课件，确保课堂上的讲授与课件内容的显示和谐一致，还要准备充足的多媒体教学资源，以便根据课堂情况和学生反应及时、灵活地插入其他内容。教师必须紧密结合教学实际，根据学科教学需要，不拘一格、灵活多变地应对教学中的各类问题，通过对教学过程的设计和灵活多变的操作，使多媒体教学实现价值最大化、效率最高化，使多媒体在教师的驾驭下有的放矢地发挥作用。

2. 注意多媒体与传统媒体的结合

多媒体既不是一种全能的媒体，也不可能代替传统媒体。多媒体与传统媒体在教学中应相互补充，取长补短。必须从教学实际需要出发，该用则用，用得适度、用得合理、用得巧妙。课堂教学中现代教育技术手段只有用得好、用得科学，才能达到提高课堂教学质量的目的，否则就会适得其反。因此，教学中应针对教学内容有选择性地采取与之相适应的教学方法、方式，合理地综合利用各种教学媒体，优势互补，交互使用，这样才能发挥各种教学媒体的各自功能，更有利于吸引学生的注意力，取得最佳效果。

3. 注重创新，用现代教育技术改造传统的教学模式

传统孕育着创新，创新是对传统的继承和发展。现代教育技术的引进，是课堂教学手段的创新，它不是一种媒体技术的简单使用与组合。我们应纠正只要在教学过程中使用了多媒体技术就是现代化的教学法的错误观念，充分利用现代教育技术，改造传统教学模式，根据教学内容的实际需要，充分发挥多媒体技术的优势，使之有助于突出教学难点和教学重点。让每一个学生都能自由地发挥创造力和想象力，进而成长为具有探索新知能力的新型人才。

第二章

初中历史教学改革

第一节　初中历史教学改革的背景

一、我国教育改革背景

我国正处于新课程改革的不断深入与发展阶段，因此对初中历史课堂进行的改革是无法脱离这一背景的。从这一方面来看，无论是初中历史课程的教学标准，还是其教学目标和教学方法，都是和基础教育课程改革息息相关的。

（一）基础教育教学改革的背景

进入21世纪之后，世纪经济全球化和政治多极化的趋势越来越明显，使得国际竞争越来越激烈。在这种社会环境中，社会对人才的需求尤其是对具备创新能力和持续学习能力人才的需求越来越明显。在这一背景下，世界各国均对本国的教育进行了改革，我国自然也不例外，对基础教育进行了深刻改革。

自改革开放以后，尤其是20世纪80年代以来，我国教育事业始终处于一个快速发展阶段，但是基础教育依旧存在着一些非常明显的问题。例如：教师的教学观念比较陈旧落后，人才培养目标无法很好地满足社会发展需求；历史课程中的知识结构单一，而且学科体系较为落后和封闭；所有教学活动基本上都是以教师为中心，学生的创新思维能力、创造能力、实践探究能力等没有得到应有的重视与培养；教师在开展课堂教学活动的时候，所用手段太过集中，无法适应时代发展和社会需求变化。我国的历史教育改革正是在这一背景下实施和开展的。1999年，中共中央、国务院召开了改革开放以后的第三次全国教育工作会议，提出"深化教育改革，全面推进素质教育""调整和改革课程体系、结构、内容，建立新的基础教育体系"。与此同时，在《面向21世纪教育振兴行动计划》这一文件中也指出，必须对基础教育课程体系进行改革。2001

年，国务院召开了全国基础教育工作会议，并且颁布了《关于基础教育改革与发展的决定》。这两份文件为基础教育改革指明了方向和道路。同年，教育部制定并颁布了《基础教育课程改革纲要（试行）》，对课程改革的主要目标、课程结构与标准、教材开发设计以及课程管理和教师培训等诸多内容都进行了明确，而且提出基础教育改革的总体目标。

针对基础教育课程进行改革的具体目标，即改革传统基础教育课程教学活动中单纯注重知识传授的倾向，转而强调引导学生养成积极主动的学习态度，使学生在获取基础知识和技能的过程中，也能够形成正确的价值观和掌握良好的学习技能。要改变传统课程教学结构太过注重学科本位、科目太多以及缺乏整合的现状，从整体层面制定九年一贯制课程门类与课时比例，并且适度设置综合性课程，以便更好地适应不同学生的发展需求，充分体现出课程结构的均衡性与综合性。要对传统课程教学活动中内容"繁、难"以及过度重视教材内容知识的情况进行改革，强化教学内容与学生生活之间的联系，强化内容与社会发展以及科技发展的联系，加强对学生学习兴趣和经验的关注，选择有利于学生终身学习习惯养成的基础知识内容和基本技能。改变传统课程教学活动中过于重视接受学习和死记硬背等情况，引导学生主动参与到教学活动中，并且亲自动手来研究知识，从而更好地培养和提升学生搜集与处理信息的能力、自主获取新知识的能力以及交流协作的能力；改变课程评价过分强调甄别与选择的功能，要充分利用评价，推动学生更好地发展、推动教师专业发展以及推动课堂教学实践更好地开展等多方面的功能；改变传统基础教育中课程管理太过集中的情况，实行国家、地方、学校三级课程管理，增强课程对地方、学校及学生的适应性。

（二）历史课程改革的理念

在对《全日制业务教育历史课程标准（实验稿）》中的内容进行综合全面分析与研究之后我们可以发现，新课程改革背景下历史课程改革理念主要涉及以下几点：

（1）历史课程改革以全体学生为对象，应该能够推动学生的认知发展。新课程改革指出，历史教育必须从学生实际生活情况以及认知水平等方面出发，要从学生身心发展的具体情况出发，通过相应的历史课程来不断激发学生的学习欲望和潜能，使历史课程内容更加符合学生的实际需求。首先，教师必须对所有学生一视同仁，要始终坚信每一个学生最终都能够走向成功，要尽自己最大的力量尽可能地为所有学生提供一个公平公正的学习机会，从多个角度和方面来更好地实现新课程改革的具体学习要求。其次，教师在建构历史课程体系的时候，必须从学生的实际认知特点和推动学生个性发展等角度出发。最后，教师在开展具体的课程教学活动的时候，必须遵循因材施教的原则，要尽可能确保每一个学生都能够充分享受到同等教学资源。从学校方面来说，在分配历史课程资源的时候，也应该尽可能地保证均衡，如历史教材、课件以及音视频资料等。

（2）在进行历史课程改革以及开展具体历史课程教学活动的时候，应当对历史课程所处位置有一个比较明确的把握，要将之教育价值充分发挥出来。《全日制义务教育历史课程标准（实验稿）》规定："历史课程是人文社会科学中的一门基础课程，对学生的全面发展和终身发展有着重要的意义。"从当前环境中历史教育的内容选择与目标设置来看，其对学生学会从历史角度对人与人、人与自然以及人与社会之间的关系进行分析非常重视，提倡从这一角度来帮助学生养成正确的三观和价值取向。除此以外，教师还应该注意到历史教育不仅仅是历史知识传授，而且具有公民教育这一作用，主要指的是引导学生成为健全公民的所有教育活动，其侧重点为培养学生的公民意识，提升学生的公民素质。

（3）新课程改革要求在开展历史教学活动的时候必须精心选择教学内容，内容要能够将历史和现实进行有效结合。相较于其他一些学科而言，历史课程内容是非常繁杂的，其中会涉及古今中外人类社会发展的各个阶段与具体情况。鉴于这一状况，教师设计的课程内容便会成为教学活动实践中的一个重要内容。因此，在选择教学内容的时候，教师必须在保证历史课程现有价值的基础上，尽可能地在历史内容与现实生活之间建立一定的联系，使教学内容能够贴近学生的实际生活，从而充分激发学生学习历史的兴趣，使学生真正喜欢上历史。另外，为了增加历史课程的生活化，现在的历史课程也增加了科技史、文化史、社会生活史等内容。

（4）新课程改革要求学生主动参与到学习活动中，转变传统历史教学模式的学生被动接受知识的情况。在新课程改革的正式实施过程中，一个非常重要的理念便是引导学生学会学习，掌握适合自己的、高效的学习技能。在传统的初中历史课程教学活动中，教师一般处于教学活动的主导地位，即将教材知识和内容直接灌输给学生，而学生在教学活动中仅仅扮演被动接受知识的角色，学习过程呈现出明显的机械死板、死记硬背等特征。而在新课程改革背景下，初中历史课程出现了一定的变化，更加强调学生学习能力的发展，注重让学生积极主动地参与学习活动。具体而言，一方面，想要真正推动这一目标顺利实现，教师就必须采取必要手段，引导学生形成"我要学"的理念。因此，初中历史教师在开展课堂教学活动的时候，必须选择适当的教学手段和教学内容，激发学生学习历史的兴趣，吸引学生主动投入到历史学习中，使之能够更加深刻地体验与解读历史。另一方面，初中历史教师还应该采取适当手段来引导学生树立"我能学"的意识。因此，教师在进行历史课程教学实践的时候，对于学生的学习积极主动性必须给予足够的重视，关注学生历史学习过程中主动学习意识的形成和产生，从而更好地培养和提升学生的学习能力。

（5）在对学生进行评价的时候必须系统、全面、公平。在传统历史教育活动评价当中，无论是指标还是方法都是非常呆板且单一的，几乎全部都是通过纸质标准测验来完成的。而在新课程改革以后，通过对各个国家和地区历史课程改革成果的借鉴与学习，我国历史教育活动的评价观念发生了一定的转变，在对学生进行评价的时候更侧重从综合性角度出发。具体而言，涉及以下几个方面：第一，评价功能多元化得以顺利实现。想要推动学生综合全面发展，教师就必须将历史评价所具备的导向、激励等各方面作用和功能充分发挥出来。第二，评价对象多元化得以顺利实现。在新课程改革背景下，教师必须打破传统评价的束缚，要建立教师、学生、家长以及教育管理者共同合作参与的评价标准。在具体实施评价的时候，教师必须重视学生的个体差异性和主体性，要以学生为中心，充分发挥其主体作用。第三，评价目标多元化得以顺利实现。在实施评价的过程中，教师必须对其整个学习过程进行综合整体性评价，避免将历史内容掌握的情况作为唯一评价标准。第四，评价类型多元化得以顺利实现。教师在进行评价的时候，应该在准确认识评价功能的基础上，合理选择不同类型的评价方法，如诊断性评价、发展性评价，等等。第五，评价方法多元化得以顺利实现。在新课程改革背景下，教师必须打破传统评价中将笔试作为唯一标准的体系束缚，应该通过观察、访问、调查、测验、评议等多种途径综合、全面地对学生进行评价。

（三）历史课程改革的进程

1. 历史课程改革的实施阶段

从历史课程改革的实施和发展来看，其主要涉及两个阶段：第一，课程改革论证准备阶段。1999年国务院批准了《面向21世纪教育振兴行动计划》，标志着我国新一轮基础教育改革正式开始实施。2001年《基础教育课程改革纲要（试行）》的提出与颁布推动了我国基础教育改革的发展进程。在这一文件中，新课程改革的指导思想、目标体系以及结构标准等均得到进一步明确。根据"先立后破""先试验后推广"的思路，教育部分别在2000年和2002年对中学历史课程大纲和历史教科书重新进行了修订。第二，课程改革实施阶段。2001年，我国在38个国家级课程改革实验区正式实施课程改革。一直到2010年，中学历史课程改革在全国范围内展开。

2. 历史课程改革的实施成果

从当前初中历史课程开展现状来看，在新一轮的课程改革背景下，已经获得诸多成果。具体而言，主要包括如下几点：

第一，在新课程改革背景下，历史课程在基础教育中所处的位置得以进一步明确。在传统基础教育中，受应试教育理念、主副科理念以及学科内容等诸多因素的影响，基础教育中历史课程的地位始终没有获得应有的重视，一直以来都是作为副科而存在。而随着新一轮课程改革的实施与深入发展，中小学课程结构获得了重新规划设计，历史学科的重要作用和价值得到发掘和重视，地位得以保证。

第二，新课程改革推动着历史教师不断更新自身的教学理念。在课程改革愈发深入的现实条件下，诸多历史教师的教学理念都发生了重大变化。和传统历史教学活动重视教师主导地位不同，新课程标准要求课堂教学活动以学生为本，重视学生的参与性和主体性的发挥与体现，强调激发学生学习的积极性和求知欲望。在较长时间的教学实践过程中，教师的教学理念已经发生了很大变化，甚至已经将新课程改革实践中的教育理念，内化为自己的教学思想。一方面，在新课程改革理念的指导下，教师已经从传统注重知识传授转变为关注学生学习方式的掌握、学习兴趣的激发以及学习能力的提升等方面，并且引导学生通过小组合作、问题研讨等形式来更好地进行历史学习，历史课程教学呈现出师生互动、生生合作的场景。另一方面，随着历史课程改革的不断深入，出现了越来越多的优秀教师，他们通常都具有较强的思考和创新能力，能够在教学实践中践行历史新课改教学理念。

第三，新的历史教学方式和评价手段得到初步明确。新课程改革背景下，教师和学生的角色都发生了重大变化。在教学方式方面，教师对于学生学习兴趣的激发和培养愈发重视，对于学生在进行历史学习的时候发生的情感、态度等变化更为关注。此外，随着新课程改革的继续深入，很多教师仍然在不断创新更为有效的评价手段与方法。

二、 历史课程标准概述

（一）课程标准的定义

《中国大百科全书·教育》对课程标准的定义为："规定中小学的培养目标和教学内容的文件。"顾明远在《教育大辞典》中将课程标准定义为："课程标准是确定一定学段的课程水平和课程结构的纲领性文件。课程标准一般是由课程标准总纲和各科课程标准两个部分组成。课程标准总纲是对一定学段的课程总体进行设计的纲领性文件，规定了各级学校的学科设置、课程目标、团体活动的时数、课外活动的要求以及课外活动的时数、各年级各学科每周的教学时数等；各科课程标准根据课程标准总纲具体规定各科教学要点、教学时数、教学目标、教材纲要和编订教材的基本要求。"

随着时代的发展，课程标准变成了基于标准的教育改革的产物。澳大利亚维多利亚州的《课程标准框架》指出，课程标准描述的是学生学习所包括的主要领域及大多数学生在每一学习领域达到的学习结果。我国《基础教育课程改革纲要（试行）》指出："国家课程标准是教材编写、教学、评估和考试命题的依据，是国家管理和评价课程的基础，应体现国家对不同阶段的学生在知识与技能、过程与方法、情感、态度与价值观等方面的基本要求，规定各门课程的性质、目标、内容框架，提出教学建议和评价建议。"

（二）历史课程标准的结构、特点与目标

1. 历史课程标准的结构

从结构方面来看，历史课程标准涉及课程理念、课程目标、课程内容以及课程性质等多个方面的要素。具体而言，历史课程标准结构包括以下几个方面：

第一，前言。历史课程标准的前言是对整个标准进行的一个概括和总结，

主要是对课程标准制定所处的背景、课程的性质和功能以及标准制定的具体思路进行概括说明。

第二，主要内容。从历史课程标准内容的制定来看，均是从国家教育方针、素质教育基本要求等出发的，能够充分体现出三维目标（即知识与技能、过程与方法、情感、态度与价值观）的综合发展，并且均是从这三个层次来进行目标阐述的。

第三，实施建议。为了使多数学校能够接受历史课程标准，通常会在最后著录一些实施建议和措施，如教学建议、课程资源开发与利用的建立，等等。但是有一点教师必须明确，即这些建议都不是必须的，均是指导性的。

第四，术语解释。历史课程标准中的这部分内容主要是对标准主要内容中的重要术语进行解释，以便于教师更好地对内容进行理解，从而进行更好的实施。

2. 历史课程标准的特点

第一，新课程改革之后，历史课程标准的目标呈现出更加明显的层级性和多领域等特征。如课程目标、内容目标等均表现出多层次体系。横向来看，历史课程目标提出了"知识与能力""过程与方法""情感、态度与价值观"的三维目标，打破了传统历史教学中只重视知识与技能掌握的局限性。

第二，新课程改革以后，历史课程标准的内容与之前相比有了明显进步。所谓历史课程标准的内容标准，主要指的是针对特定历史学科内容制定的具体目标要求，如板块目标、各个学习要点的掌握目标等，这都是非常细化、需要学生完成的具体学习目标，也是教师在选择教学内容、设计教学方案以及进行教学评价的时候需要遵循的重要依据，能够为历史教学指明前进方向。

（三）历史课程标准的目标

所谓教育方针，主要指的是国家在发展教育事业的过程中，在一定阶段之内，以社会与个人的实际和潜在需求为基础制定出来的具有战略意义的总体性指导思想，内容涉及教育的性质、地位以及主要目的等。所谓教育目的，主要指的是培养人的总目标，主要涉及将受教育者培养为何种社会角色以及引导受教育者认识到自身应该具备什么样的素质等本质性问题，也是教学活动得以开展的一个重要切入点，需要以社会生产力现状、生产关系需求以及人们自身发展需求等为基础进行具体明确。总体来看，教育活动的一个总体方向即教育方针和目的，二者都能够充分呈现出特定历史条件和阶段之中，国家层面教育活动所具备的普遍且总体性价值。一般来说，教育目标主要包括"培养受教育者的总目标""各级各类学校、各专业的具体培养要求""教育事业发展的目标"。《基础教育课程改革纲要（试行）》相应内容表明，国家课程标准应当充分体现出国家对不同阶段学生在知识与能力、过程与方法以及情感、态度与价值观等方面的基本要求，规定各门课程的性质、目标、内容框架，提出教学和评价建议。

具体而言，知识与能力目标，即学生在历史学科的学习中应当掌握基本的知识与学习技能。对于义务教育阶段的学生而言，需要掌握的基本历史知识包括：重要历史人物、历史事件、人类文明发展历程当中的主要成果，以及历史发展的总体脉络。这一阶段中，教学需要掌握的基本历史技能，主要涉及了解历史产生与发展的主要时序，初步掌握特定时空条件下进行历史考察的技能，能够通过历史发展脉络对历史人物、事件的价值与意义等进行一定的分析；能够掌握多种历史呈现方式，如文献资料、图表、影响、历史作品以及实物、遗址等，提升自己的历史知识水平和能力，使自己在学习历史的过程中能够依据相应条件来进行历史情境想象；应该初步掌握获取历史信息的多条渠道，能够以历史材料为基础和条件进行历史价值阐述；初步形成重证据的历史意识和处理历史信息的能力，逐步提高对历史的理解能力，初步学会分析和解决历史问题；学会用口头、书面等方式陈述历史，提高表达与交流的能力。

义务教育阶段历史教学的过程与方法的教学目标是："通过多种途径感知历史，学会从当时的历史条件理解历史上的人和事，并经过分析、综合、概括、比较等思维过程，形成历史概念，进而认识历史的时代特征和历史发展的基本趋势。在学习历史的过程中，逐步学会运用时序与地域、原因与结果、动机与后果、延续与变迁、联系与综合等概念，对历史事实进行理解和判断。在了解历史事实的基础上，逐步学会发现问题、提出问题，初步理解历史问题的价值和意义，并尝试体验探究历史问题的过程。通过搜集资料、掌握证据和独立思考，初步学会对历史事件进行分析和评价，并在探究历史的过程中尝试反思历史，汲取历史的经验和教训。逐步掌握学习历史的一些基本方法，包括计算历史年代的方法、阅读教科书及有关历史读物的方法、识别和运用历史地图和图表的方法、查找和搜集历史信息的途径和方法、运用材料具体分析历史问题的方法等。初步掌握解释历史问题的方法，力求在表达自己的见解时能够做到言而有据，推论得当。学会与教师、同学共同对历史问题进行探究与讨论，能够积极汲取他人的正确见解，善于与他人合作，交流学习心得和经验。"

义务教育阶段历史学科的情感、态度与价值观的目标为："从历史的角度认识中国的具体国情，认同中华民族的优秀文化传统；感悟近现代中国人民为救亡图存和实现中华民族复兴而进行的英勇奋斗和艰苦探索；强调形成面向世界的视野和意识；确立积极进取的人生态度等。"

第二节　初中历史教学概述

一、历史教育的功能

（一）历史教育的育人功能

所谓历史教育，主要是指通过向受教育者传授历史领域相关知识和信息，来对其进行潜移默化的影响，提升文化素养和思想道德水平，并推动其指挥能力获得进步与发展的教育实践活动。一般而言，我们可以从广义和狭义两个方面对其进行认识。广义上来看，历史教育的特点主要包括以下三个方面：第一，历史教育所面对的受众非常广泛，会涉及各个年龄阶段和各个认知水平与文化层次的社会成员，体现出明显的全员性特征；第二，历史教育过程较为全面，对于社会上所有成员而言，从幼年直到老年，整个一生都在接受历史教育，因此具有突出的全程性特点；第三，历史教育的效用比较突出，社会上各行各业的从业者都需要接受一定的历史教育，需要通过了解和学习本专业的历史发展、科研成果以及经验教训等来推动自身素质提升。狭义来看，历史教育主要指的是学校教育中历史课程的开设和实施。在当前推动综合素质全面发展的背景下，基础历史教育发挥着重要作用，学校教育中的历史课程教学实践正是以社会发展需求和学生发展需求为基础，通过适当的历史研究资料和成果，对学生实施教育活动，从而推动学生发展成为优秀的、合格的社会公民。

历史教育的育人功能是非常突出的，其能够推动学生更加全面地了解中国国情，树立爱国主义、集体主义以及生态意识等，能够使学生更好地继承与发扬中华民族优秀传统文化，帮助学生更加深刻地看待与认识人类历史发展进程，从而建构起正确的价值取向和理念。由此可见，在基础教育活动的开展与实践过程中，历史教育始终都发挥着十分重要的作用。

（二）历史教育的社会功能

1. 公民教育功能

前面内容有所提到，历史教育具有明显的全员性和全程性特点。因此，我们从公民教育角度出发可以发现，历史教育是其不可或缺的重要成分。对于公民教育而言，在实现推动公民权利发展方面，主要是通过向社会公民传递一定的思想、责任以及道德，使之形成符合社会需求的价值取向和技能来实现的。其中，价值取向的生成与明确、公民权利的保护与发展等，都必须通过历史相关内容的学习和掌握来完成。从这一方面来看，历史教育虽然是传授学生过去的知识，但是基本立场并不是过去，而是当下和现实。因此，想要成为一个高素质、有教养、有信仰和责任心的合格公民，必须具备较高历史素养和历史认识。

2. 历史借鉴功能

从历史的主要内容来看，历史教育是对过去的人物、事件等进行记载与阐释，是为人们提供丰富知识的宝库，涉及政治、经济、科技、文化等诸多方面。从其诸多功能的角度来看，资治始终都是其所具备的一个非常重要的功能，如《新唐书·魏征传》中记载的唐太宗对魏征的评价："以铜为鉴，可正衣冠；以史为鉴，可知兴替；以人为鉴，可明得失。"此外，北宋司马光更是在其著作《资治通鉴》中表明，历史能够为统治阶级提供丰富的治理经验和教训，即"鉴前人之兴衰，考当今之得失"。

从历史教育的主要目的来看，其主要是通过研究探索历史人物的成败以及历史事件来获得经验教训，并且通过适当的教育形式传递给社会成员，从而在社会以及个人发展过程中起到借鉴的作用。历史知识通常能够为人们提供理性、全面且深刻的经验与教训，不仅能够丰富学生的思想，而且可以拓宽其认知视野。由此可见，史学所具备的资治等功能都是通过历史教育的开展和实施完成政治功能转化的。因此，历史教育不仅能够提升学生主动参与社会管理的意识和能力，也能够丰富其政治经验，从而推动其政治素质全面发展。

3. 了解国情功能

学习和掌握历史知识，能够帮助我们更加系统全面地了解我国政治、经济、文化等方面的历史发展与现状，能够更加深刻地认识我国政治、经济、文化等诸多方面的形成、发展以及演变等过程，有利于我们正确认识国情，了解我国现代化建设目标、阶段等，这些均是历史教育活动包含的重要内容。在历史教育的帮助之下，学生能够从历史角度更加深刻与具体地了解和认识我国国情，从而更好地对当前的社会和环境进行审视，更好地维护当前社会的制度与政策，这些均是国家稳定和持续发展所必须具备的条件和要素。此外，通过历史学习，在深刻理解我国国情的基础上，学生的使命感与责任感也能够得到增强，参与社会管理的意识也会得到强化，对于其未来进入社会具有重要推动作用。

4. 爱国主义教育功能

列宁曾经提及，所谓爱国主义，就是人们在长时间的历史进程中固定下来的对祖国的一种深厚情感。在历史课程教学活动中，对学生进行爱国主义教育，是各个国家和地区在历史教学活动中开展思想教育的重要内容与途径，同时也是历史教育的一个深刻主题，无论是对于民族精神和力量的激发与凝聚，还是对于推动民族繁荣发展、国家强盛不衰都具有非常重要的推动作用。我国是四大文明古国中唯一一个文化没有中断的国家，历史底蕴深厚，爱国主义教育的素材更是丰富多样，从贾谊的"国而忘家，公而忘私"到范仲淹的"先天下之忧而忧，后天下之乐而乐"；从顾炎武的"天下兴亡，匹夫有责"到林则徐的"苟利国家生死以，岂因祸福避趋之"；从孙中山提出"振兴中华"到邓小平的"我是中国人民的儿子，我深情地爱着我的祖国和人民"，我国优秀文化中的爱国主义精神培育了一代又一代爱国志士，是中华民族优秀传统文化中不可缺少的精神财富。从其体现和形式来看，爱国主义情感主要是从人们的民族自信心、自尊心以及自豪感等方面深刻表现出来的，并且通过种种表现形成强大的生命力和凝聚力。

5. 弘扬传统文化功能

历史内容能够将古今中外各种形式的优秀文化呈现在人们眼前，使其能够从中汲取知识，提高自己的智慧水平。优秀的传统文化在塑造学生心灵、推动其形成鲜明的民族精神和个性的过程中发挥着重要作用。对于一个国家而言，优秀的文化传统往往是其文明精华部分的凝聚，也是这个国家和民族得以生存与发展所依据的重要因素，通常具备极强的生命力。在当前的教育环境下，为了保证自身民族的独特性，各个国家和地区都在尝试从历史教育和积淀的过程中，寻找适合当前社会需求和发展变化的优秀传统文化，从而使学生从优秀的历史文化中，更加深刻地认识本国以及本民族的历史文化遗产，接受文化的熏陶和教育，从而获得启发与成长。而基于这一认识，各个国家和民族几乎都增加了文化历史教学在学校教育中的比重，为学生继承与弘扬优秀民族传统文化建构了丰富且浓厚的历史文化氛围和环境。例如，在初中历史课程之中，教材编辑者就设置了专门单元，对科学技术和思想文化等内容进行介绍与表述，如认识四大发明的贡献与地位、认识我国古代艺术领域的重要成就等。

6. 增强国际意识功能

多样性和统一性是人类文化具备的两个非常明显的特征。例如，我国古代的四大发明不仅在我国辉煌文化历史的形成中发挥着重要作用，而且在传入欧洲之后，在其摆脱中世纪束缚、进入近代社会的过程之中也做出了突出贡献。因此，认识和尊重人类普遍认同的共同财富、掌握和继承这些宝贵遗产，对于学生充分认识自身的文化使命、开阔胸怀和眼界，学习和弘扬人类文化成果以及推动人类文明进步和发展等，均具有积极的推动作用。在当前这个信息化时代之中，世界发展全球化趋势愈发明显，各个国家和民族之间的联系越来越紧密。而想要在这个大的环境中持续发展，就必须认清现实，认清楚世界发展过程中中国所处的位置，使学生认识到中国发展是在世界发展这一大的背景下进行的，中国想要健康持续发展，就必然需要与世界各个国家加强联系，从而强化其国际意识。

7. 认识人与自然关系的功能

人们在征服自然的过程之中，经历了曲折的发展，积累了丰富的认识自然的经验，同时也对自然生态环境造成了破坏，威胁着人类的生存，影响了人类社会的健康发展。历史上有着较为丰富的天人相关论和因地制宜思想，正确认识历史上人与自然关系的思想，为人们的实践活动提供历史经验，使学生在接受历史教育的同时，增进对人与自然关系的了解，从而树立可持续发展的意识。

二、初中历史教学关键问题的价值

（一）初中历史教育应体现思想性与人文性

新课程标准当中曾经明确指出，推动人们树立正确的社会主义核心价值观是时代和社会进步发展的必然需求，这一认识的提出正是对义务教育阶段历史课程改革总体目标进行的最新阐述，进一步明确了历史课程的价值取向。即要始终从唯物史观来认识历史发展历程，强化学生对于中华民族优秀传统文化的认同感；推动学生顺利产生对国家、民族的认同感，提升和强化其历史责任感；引导学生正确认识和尊重各个国家以及各个民族独特的优秀文化传统，并向其学习，汲取和吸收人类社会中的优秀文明成果，从而形成世界意识；提高学生的人文素养，推动其形成积极正确的价值观，树立健康向上的人生态度，从而更好地适应社会发展的变化需求；要采取必要手段强化历史课程具备的情感教育功能，深入挖掘教材内容和教学内容中的思想情感教育内容，使之潜移默化地对学生情感态度与价值取向的形成产生有利影响。新课程标准中提出的种种认识都更加强烈地突出了学生素质教育中历史课程的作用和价值，在"感悟、认同和内化"等规律之上，指出在历史学习的过程中逐步树立积极向上的人生态度，塑造更加健全的人格与更加优秀的个性品质，使学生通过历史内容与知识树立正确的世界观、人生观和价值观，树立正确的价值取向和价值理念。历史课程体现的情感态度价值观，主要的教育元素都呈现在具体的教学内容中。因此，教师在开展教学活动的时候，必须善于发掘这些优秀的文化知识内容。从这个角度来看，怎样对教学目标进行科学定位，怎样更加顺利和高效地完成教学目标追求，是初中历史教学活动开展中的一个关键问题。

（二）初中历史教育应体现基础性与学科性

新课程标准指出，历史课程是人文社会科学领域中的一门基础课程，并且对其具有的独特性进行了更加深入的强调。初中历史教学活动的开展，主要是以学生的心理特征与认知水平为基础，向学生进行历史知识普及，引导其学习并掌握基础的，但具有重要价值的历史知识与技能，从而逐渐树立正确的历史观念，为学生的深入学习和发展奠定坚实基础。在初中历史课程教学实践的过程中，应当将其教育功能充分发挥出来，提升学生的历史素养。要重视和强调历史与现实之间存在的关联，引导学生综合利用掌握的知识和技能，对历史与现实社会进行更加全面、深刻的分析和认识。

从上述论述来看，学生在初中历史教学活动中应该学会和掌握哪些基本的技能与手段呢？新课程标准给出了答案。例如，通过历史知识的学习，要能够准确认识到历史时序，在特定历史条件下对历史事件或者任务进行考察，主要强调其时序性和系统性，突出历史发展的主线是新课标的一个基本理念。"初步形成重证据的历史意识和处理历史信息的能力。""了解多种历史呈现方式，包括文献材料、图片、图表、实物、遗址、遗迹、影像、口述以及历史文学作品等，提高历史的阅读能力和观察能力，形成符合当时历史条件的一定的历史情景想象。"由此可见，如何通过历史教学引导学生掌握基本的历史知识、基本技能和历史思维方法，提升学生的历史学科核心素养，也应该是中学历史教学的关键问题。

（三）初中历史教育应体现主体性与主导性

新课程标准相关内容指出，初中历史教学应该遵循育人为本的教育理念，面向全体学生，采取适当的手段，引导学生进行自主探究或者小组合作式学习。教师应该依据现实条件对自身的手段以及评价标准等进行创新，从而推动所有学生适当发展；应该对初中学生的发展需求和认识特点、水平等有足够的了解，对学生的生活经验和知识基础有一定的认识，从而采取有效手段充分激发学生历史学习的兴趣和积极性，使之形成问题意识，进而主动参与历史知识的学习；应当引导学生转变传统的历史学习方式，要加强对学生历史学习过程的关注，培养和提高其学习能力，在具体的教学实践过程中指导学生掌握学习技能，从而使学生学会学习；要鼓励学生在学习过程中积极主动地进行思考，勇敢地提出自己的问题、困惑和观点，从而对历史内容进行更加有意义和更具建设性的解读；在进行教学手段和方法选择与应用的时候，应该依据实际状况，遵循适度原则，教师应该根据不同内容采取多样化的教学手段，设计更多、更加丰富生动的教学活动。

新课程改革指出，教学活动必须以学生为本，教师应该采取适当的手段来推动学生积极主动地参与其中，引导学生进行自主合作探究，充分发挥其学习主体作用。随后在对课程标准进行适当变革与完善的时候，这些基本理念更是得到丰富和发展。因此，在初中历史教学实践中，应该将学生的主体地位充分发挥出来，使其会学并且可以学会。但是需要注意，培养和提升学生的自主学习与探究能力并不是对其不管不顾，对于一些基本的史实内容，教师必须进行讲解，通过系统明晰的讲述，使学生准确认识历史背景、主要过程以及最后的结果，使学生在具体和形象的情节中更加深刻地体验历史，从而对历史有更加清楚和准确的认识。

三、初中历史教学新理念

（一）认真研读教材内容，明确教学目标

新课程标准指出，初中历史教学实践必须要注重三维目标教学效果的顺利

获得。也就是说，在开展初中历史课堂教学活动的时候，教师必须采取有效手段，推动"知识与能力""过程与方法""情感、态度与价值观"三个目标有机结合，这是新课程标准中推进素质教育发展的重要体现。

想要推动学生历史综合素养顺利发展，就必须深入贯彻素质教育理念。在真正实施历史课堂教学以前，教师必须首先对教材中的内容进行仔细和深入的了解，在此基础之上制订切实可行的教学目标。只有设定出明确且具体的教学目标，教师才能够更好地实施教学活动。也只有教师对自己的教学内容有较为充分的把握时，他们在具体课堂教学活动中才能够更具系统性和逻辑性。如此一来，学生也能够更加有序、系统地吸收和汲取历史知识。例如，在讲授"新文化运动"相关内容的时候，教师应该备好课，提前对相关内容进行研究和分析，从中找出重点及难点内容。然后，教师需要融入学生群体中，对学生实际的学习状况进行把握，要充分认识到初中学生的思维通常处于一个活跃上升的阶段，对于新知识往往具有比较强烈的兴趣，但是在对理论知识把握时往往存在明显缺陷。因此，教师在课堂教学活动中必须对其进行适当的启发和引导，使其能够从多个方面和视角来更加全面地认识历史。随之，教师便可以在此基础上，设计具体的教学目标。如以知识与能力目标引导学生掌握新文化运动形成的标志、代表人物等内容，并且对相关知识能够从整体层面予以概括；以过程与方法目标引导学生分析和深入解决相关材料，通过适当的问题设计来强化学生发现问题、探究问题以及解决问题的能力；以情感、态度和价值观目标培养学生的爱国主义精神，激发其建设中国特色社会主义的历史使命感。如此一来，有明确且具体的目标作为指引，初中历史教学活动往往能够更加顺利且高效地开展下去。

（二）创新课堂教学方法，提高课堂效率

这个时代和这个社会一直以来都是处于动态变化和发展中的，因此历史教学活动也应该不断注入新的血液。对其而言，只有不断进行创新与发展，才能推动学生树立接受新知识的理念，从而使教学活动获得更好的效果。基于此，初中历史教师在进行教学实践的时候，必须树立终身学习的观念，保持持续学习的心态，并在新课程改革的指导下对历史课堂教学进行适当创新。在教学实践中，历史教师应该始终保持与时俱进的心态，始终将学生的发展需求置于首位，激发其学习的积极性和主动性，并利用现代化多媒体教学手段进行更高水平的教学设计，将传统教学中枯燥无味的纯文字内容通过多种形式直观形象地呈现出来，使学生通过与多媒体教学设备的互动完成具体操作。此外，还应该不断丰富教学资源，以便为学生提供更多、更加精彩和全面的与教学内容相关的知识，使学生能够对历史内容有更加深刻的认识，激发其兴趣，推动其更加积极主动地参与到课堂教学活动中。

（三）注重正面评价学生，增强其学习信心

历史知识浩瀚广阔，内容丰富多彩。学生在面对浩瀚的历史知识时，很容易出现混淆，从而产生抗拒心理。因此，教师要注意对学生进行正面评价，促使学生能够不断获得参与历史课堂的信心。正面鼓励可以来自学生学习的方方面面，如学生的课堂表现。当学生能够积极配合教师、踊跃回答问题、参与课堂活动时，教师可以对学生的表现及时加以鼓励。正面鼓励还可以来自学生的课后作业和课堂检测完成情况，或者是阶段性考核时学生所取得的进步。总之，当看到学生有良好表现或者进步时，教师要看在眼里，并及时对其进行正面评价，让学生可以感受到来自教师的关注，从而不断树立学习的信心。

第三节　初中历史课程教学的实施

一、初中历史教学现状

（一）历史课堂课前存在的问题

想要顺利高效地完成课堂教学活动，就必须做好课前的备课工作。但是，从当前初中历史课堂教学的实践活动中我们可以发现，很多教师都存在课前准备不够充分的问题。一方面，随着多媒体信息技术的发展，教师对其的依赖度越来越高，一些历史教师不管教学内容是否适合利用多媒体教学技术，在备课过程中都会将之制作成课件在课堂上播放，很多时候课件上的内容都只是简单的知识点罗列，致使初中历史课堂教学变得更加呆板，而教师的角色也没有得到转变，个性化也没有得到体现，教学过程中仍然是传统教学活动中的手段——照本宣科、单纯灌输，学生的学习兴趣和积极性都无法被激发出来，课堂教学活动仍然是一副死气沉沉之象。最终的教学结果依旧是学生忙于自己的事情，教师自顾自地进行知识的灌输，师生之间的互动不仅没有得到增强，反而更加弱化，影响到最终的教学效果。另一方面，教师在备课过程中选择的教学内容往往比较浅显，缺乏深刻的内涵，导致其在课堂教学实践中只是就知识点讲知识点，课堂教学活动和传统历史教学一样，依旧比较枯燥和无味。

（二）历史课堂课中存在的问题

第一，在初中历史课堂教学活动中，学生的主体地位依旧很难体现和发挥出来，整个课堂教学中，依旧是教师在讲台上单方面对学生进行知识传授，而学生在座位上可能学习其他科目知识，也可能在放空自己，很难长时间将注意力集中到教师的知识传授上。如此种种，之所以会出现在初中历史课堂教学活动中，一个很重要的原因，就是学生在学习活动中的主体地位得不到充分体现和有效发挥，课堂教学依旧是教师主导，学生依然处于被动接受知识的状态。

第二，在初中历史课堂教学活动中，学生学习的积极性和主动性无法得到激发。在当前的课堂教学中，学生接受知识的时候依旧是处于被动状态，因此很难深刻地理解知识。一些教师即使会在课堂上对学生进行提问，但事实上学生可能只是随意回答，还有很多学生都习惯于注视教师，等待其讲出正确答案，而很少有学生会主动进行思考。这种单向的历史课堂教学模式，不仅很容易导致教师疲劳感越来越明显，也会对学生的学习产生阻碍作用。

（三）历史课堂课后存在的问题

第一，在初中历史课堂教学活动中，教师很少会主动给学生留作业，即使留了作业，常常也会告知学生尽可能在课上完成。之所以会出现这一问题，主要涉及两个方面：一方面，学生对历史学习不够重视，一些学生在课堂上无法及时完成作业，课后又常常忙于语数外等主科的学习和复习，因此在对待历史作业的时候常常选择敷衍了事；另一方面，历史知识的内涵是非常丰富而且多样的，因此对其进行学习和掌握并不是短时间内就能够完成的，而是需要长时间不断积累的，单纯通过习题练习和简单的课堂教学是很难顺利完成对知识的掌握的，也很难获得一个好的成绩，如果学生自己不能在课余时间对知识学习进行巩固和积累，则必然会对历史教学质量产生不利影响。

第二，在初中历史课堂教学活动结束以后，很少有学生主动和历史教师交流和互动，使得学生对历史学习的偏见无法得到改善，影响到其教学质量的提升。

二、初中历史教学问题的原因分析

（一）应试教育的强势地位

从应试教育和学校方面来看，初中的教师大多是服务于中考的。但是从我国当前的中考情况来看，历史这一学科在其中的作用和位置并不突出，甚至一些省份根本不会考核历史这一学科，而且很多省份的历史中考都是开卷考试。这种模式直接导致很多精英教师被安排到语数外等学科教师队伍中，而将相对比较薄弱的教师队伍安排到历史教学中，致使历史教师队伍水平存在明显不足。从教师角度来看，由于中考试卷中历史为开卷考试，或者根本不参与中考，因此对于教师而言，压力很小甚至不会产生压力。此外，对于从事初中历史教学多年的教师来说，教材当中的那些内容基本都已经刻在了脑海中，新修订的教材往往只是换汤不换药，本质上没有什么大的变化，因此教师在开展课堂教学活动的时候依旧是自己的老一套，这类教师从思想底层便没有对自己进行严格要求，因此教师的素质和教学技巧"老生常谈"。

（二）没有树立科学的教育理念

所谓教育理念，即对于"教育是什么"的价值判断和基本的看法，科学合理的教育理念是顺利完成初中历史教学任务和目标的一个基本前提和重要保障。随着新课程改革的不断深入发展，各种形式的教育理念不断出现。面对这些教育理念，历史教师必须始终保持自己的头脑清醒，切忌随意模仿，应该在对教育理念有准确、深刻且比较全面的理解之上，树立科学合理的批判精神，进而对自己开展的历史教学活动进行完善和变革，使之价值能够最大限度地呈现出来。

（三）教学活动的组织重形式而轻操作

在设计和组织实施初中历史课堂教学活动的时候，很少会有教师重视学生历史学习自觉性、独立性、积极主动性的激发和表现，尤其是在学生思维活动具体操作方面，更是很少有人真正能够注意到。对于大多数教师而言，其通常只是重视教学形式的新颖性。因此，在新课程改革背景下，教师必须成为一名出色的导演，要能够组织、控制和引导教学活动的顺利实施与进行，充分调动学生历史学习的积极主动性。在初中历史课堂教学中，师生之间存在着一个最基本的关系即教学活动中的朋友关系。因此，教师必须在教学活动中摆放好自己的位置，充分发挥出自身所具备的主导作用。

（四）缺少一定的史料教学

人们想要正确和全面地认识历史，就必须在获取承载历史信息材料的前提和基础之上完成。与此同时，获取历史资料的过程实际上也是掌握历史学习技能和方法的过程。我们主张将历史学习过程作为深入研究和认识历史的过程，这就需要学生在学习和掌握诸多历史信息的同时也应该重视其价值体现和应用，要将其作为历史问题解决的证据这一作用充分发挥出来。因此，对于史料的运用，尤其是学生对史料的运用，是历史教学方法运用的重要组成部分。

三、有效历史教学策略

(一) 观念转变的策略

1. 教学是课程继续的不断生成

传统的课程教学观念认为，对于学校教育而言，课程是其主要内容，而教学是其获得成果的重要手段和过程。课程是教学的重要方向与目标，也是在教学过程以前和教学情境之外预先规定和设置出来的。所谓的教学过程，实际上就是有效贯彻课程的过程，因此不应该对课程进行必要的改变。而在新课程标准改革的实施中，课程已经不再是单纯作为特定知识的载体存在，而是成为师生合作、共同探索新知识的发展过程；教师和学生也不再像传统教学中那样，被孤立于课程之外，而是成为组成课程的有机成分，都是课程的主体和创设者，教师和学生共同进行课程开发。也就是说，在新课程改革背景之下，这种教学活动已经不单纯是按部就班地遵循课程教学计划，完成预先准备好的内容，还涵盖着课程的创新与开发。新课程标准下的教学过程，不仅是课程内容不断生成和转化的过程，而且是课程意义不断建构和提高的过程。只有树立和保持这一认识，教学改革才能够真正进入教育内核之中，进而为课程改革的发展和深入提供充分的动力和保障。

2. 教学是师生交往、积极互动、共同发展的过程

对于教学而言，形成新知识和新技能以及概念性框架是其一个中心任务。教师和学生之间的互动和交流作为教学是否有效的一个关键影响因素，发挥着重要作用和价值，要想获得高质量的教学效果，师生之间必须有良好有效的互动交流。在新课程改革不断深入的背景下，教学已经不再是由教师单方面决定，而是由教师和学生双方共同决定。例如，单纯的表扬和赞赏与学生成绩好坏之间并没有一种必然联系，而且在班级课堂教学中应用赞扬这一手段存在着比较明显的缺陷，即成绩优良的学生经常能够获得赞扬，而其他学生，尤其是学困生常常很难得到。如此一来，这部分得不到表扬和奖励的学生就很容易出现心理障碍，认为是自己的表现不够好，进而对自己产生不自信的情绪，给学生带来潜在伤害。虽然一些教师能够看到这些问题，并且也会采取一定手段，如给予全体学生赞扬等进行解决，但是其中的实质学生还是能够感受出来的。例如，一些不自然和本来不应该得到的表扬与奖励等，学生都是能够分辨出来的。因此，教学研究视角应该放在课堂上和课余时间中的社会互动与文化环境等方面。近些年来，相应的研究已经强调了合作、交流、共同体等在教学活动之中的作用和价值，文化、社交等对于学生学习的影响也得到了更大程度的重视和关注。除此之外，在社会文化理论与活动理论等影响下，教学的内涵、定义等也得到了进一步的扩展，其社会、文化、语言等环境和条件都得到了进一步的关注。这些理论都表现出一个明显的共同点，即都认为学习是一个主动进行建构以及合作建构的过程，不仅存在于师生的互动和交流之中，教师结构之中也会存在，甚至会存在于学校这一更大的机构当中。

交往是教学活动顺利开展和实施的一个最为基本的形式，也是人们最基本的精神需求之一。所谓交往，即互动主体之间共同具备的相互作用、相互交流以及相互沟通和理解，是人们生存活动中最基本的一种方式。由上述界定来看，交往具备的一个本质属性，即主体性。交往理论认为，无论是教师还是学生，都是教学活动中的参与主体，是具备独立人格和价值的人。从人格方面来看，二者是完全相同的。也就是说，师生之间从价值方面来讲是平等的，没有高低或者强弱等区别。教师和学生之间更多的是一种平等、双向以及相互理解的关系，其建立和表现特征的一个最为基本的形式与途径便是交往，如果脱离交往，那么教师和学生之间的关系便只能是外在的，而无法成为真正获取教育力量的源泉，甚至会反过来阻碍教育的形成与发展。在传统教学活动中，教师和学生之间的交往与互动普遍存在以教师为中心，以及教师单方面对学生进行管理的状况，导致学生的自主性无法有效发挥出来，自尊心和自信心都遭到损害，致使学生和教师之间产生冲突，阻碍了教学活动的正常开展。因此，改善师生关系作为新课程改革中的一个重点，逐渐被提上日程。从一定意义上来说，本次教学改革的一个重要任务，即通过师生之间的交往来建构一个和谐平等、民主团结的师生关系。只有在这样的师生关系和教学环境中，学生才能够真正体会到自由平等、尊重自信等优良品质，才能够更好地接受鼓励和鞭策、指导和意见等，从而形成更加积极、更加多样和丰富的情感体验与人生态度。从学生角度来看，交往便代表着开放心态、凸现自身主体性、彰显自己的个性、释放自己的创新创造性；而对于教师来说，交往就意味着课堂教学不再是单纯的知识灌输，而是将知识分享给学生，二者共同合作理解和交流。课堂教学也不是毫无意义地浪费时间，而是生命活动、专业成长和自我实现的过程。

从上述内容来看，在开展教学活动的时候，必须注重师生之间以及生生之间的互动交往并将之作为载体。在新课程改革不断深入的背景下，教师在进行初中历史课堂教学实践的时候，不仅要采取必要措施引导学生提升自己的认知水平，而且要引导学生养成良好的学习态度，激发其自主学习的内在动力，推动其树立正确的价值取向，使其养成坚强品质和高尚素质，综合素质得以全面、健康、持续发展。而创设基于师生交往的互动、互惠的教学关系，营造民主公平、和谐融洽的学习氛围，使学习过程真正成为学生自我完善、自我发展的历程，是开展教学活动的必要条件，也是实现初中历史课程有效教学的重要步骤。

在传统的历史课堂教学活动中，其特点主要表现为以下几个方面：第一，信息交流呈现出明显的单向传输特征，也就是通常所讲的"教师讲，学生听"；第二，在整个教学活动中，教师处于绝对统治和权威的地位，拥有绝对的教学权力，学生参与的所有学习活动均是在教师的管理和控制之下进行与完成的；第三，历史课堂教学均呈现出单向的知识灌输特征，学生的情感、认知水平、价值观等都没有得到教师的足够关注；第四，课堂教学中的目标、内容、手段、环节等各个方面都是由教师负责和决定的，而学生在其中的主要任务就是应试以及接受教师单方面的评定。

在新课程改革背景之下，教师应该转变传统的教学观念，以便更好地处理和解决上述问题。第一，教师必须转变传统单纯知识灌输式教学理念，重视学生学习能力的培养和提升；第二，转变单向信息交流的传授模式，推动其向综合信息交流方向发展，由传统教学中重视信息传递向重视学生综合素质发展转变；第三，改革传统初中历史教学中的无差别统一教学模式，推动其向差异化和个性化转变；第四，教师要对自己的角色有一个准确定位，要认识到自己和学生之间是处于平等位置的。总而言之，新课程标准重视教师教与学生学之间的统一。究其实质，其实就是要重视师生之间的互动与交往。这就要求教师为学生建构和谐民主、生动平等的学习环境，采取适当的教学手段，来引导学生学习和掌握基本的历史知识与技能，健全其情感态度，推动其树立正确、科学的价值观。

3. 教学要关注学科，更要关注学生

在新课程改革不断深入的背景之下，历史教学的开展不仅要求教师更加

注重学科本身，而且要加强对学生关注的力度。因此，在开展初中历史教学活动的时候，教师应该对那些个性突出的学生给予关注，了解其情感变化、身心健康、价值取向等；应当关注学生在历史课程教学中是否表现出较高的兴趣、是否能够集中注意力、表情是愉悦还是痛苦；要关注学生的心理体验、情感震撼、内心选择、精神升华和别人无法观察与干预的特殊性。对于学生亲身体验与感受的权利，应该给予足够的尊重，不同学生之间心理、情感、价值取向等诸多方面存在的差异，也应该给予正视和足够的认识，从而引导学生积极主动地感受历史知识和文化中蕴含的丰富强烈的精神力量，不断塑造具有个性的、崇高的、独立的精神家园。

（二）利用角色扮演法来激发学生学习的兴趣

新课程改革理念指出，在进行初中历史课堂教学实践的时候，必须认识到学生是学习活动的主体，要充分发挥其课堂主人的作用，而教师扮演着学习活动的组织者以及引导者等角色。这里提及的角色扮演法，其中的"角色"主要是学生扮演和充当的。例如，教师为学生提供一定的历史素材，学生通过小组合作来自主进行话剧或者情景剧编写，然后通过角色扮演将之呈现出来。如在进行《美国南北战争》这一课的学习时，为了更好地了解和掌握战争爆发的原因，教师可以对学生进行适当分组，一组扮演北方资产阶级角色，另外一组则扮演南方种植园奴隶主角色。然后让他们分别站在自己的立场之上，从自身利益出发，对当时社会环境中"劳动力、市场、原料"等问题进行辩论。通过这种角色扮演法，使学生更加直观和全面地认识到双方存在的主要矛盾和冲突，认识到双方的冲突已经无法调解，也无法达成共识，而只有通过武力解决，进而深刻认识到美国南北战争爆发的主要原因。在这种教学模式中，教师已经不再像传统教学中那样扮演着主导者和权威者的角色，而是成为配角，成为组织者，学生通过参与其中，从而获得身临其境的感受。如此一来，学生便可以在一个生动形象、轻松愉悦的环境中更好地学习相关知识，从而树立正确的价值取向和观念，推动自身素质全面提升。与此同时，通过角色扮演，使学生亲身参与其中，还能够有效激发其学习兴趣和积极性，改变了传统历史课堂教师"满堂灌"和"一言堂"的沉闷状态。

（三）利用多媒体创设问题情境，拓展学生的思维

从初中历史教材本身来看，其中并不单纯是那些枯燥无味的文字描述，还有很多比较有趣的历史小故事或者图片等，学生往往对这些内容都抱有比较强烈的兴趣。因此，历史教师在进行课堂教学实践的同时，应当将这部分内容的作用充分发挥出来，通过现代化多媒体教学技术，将其以更加丰富多样、生动形象的形式呈现和演绎出来，如此不仅能够使学生更加深刻地理解和认识此部分知识，同时也为学生建构了一个良好的思维情境。例如，教师在讲解三国时代乱世战争的时候，就可以充分利用多媒体教学技术，将其中比较著名的"火烧新野""草船借箭""望梅止渴"等经典故事以动画或者视频的形式呈现在学生眼前，帮助学生梳理清楚其中的发展脉络，拓宽学生的历史视角，将学生熟悉的历史故事和真正的历史事实有效联系起来，充分激发学生的学习兴趣和积极性。

在利用多媒体教学技术开展初中历史课堂教学活动的同时，教师还应该把握时机创设适当的问题情境，推动学生将自身置于整个思维情境之中，并引导学生以自己观看的视频或者动画等为基础，展开想象和思考。例如，教师在利用多媒体教学技术呈现陈胜、吴广起义的全过程时，可以引导学生思考"若没有遇到大雨天，二人还会起义吗"？学生在观看屏幕展示之后，再结合教师提出的问题，便可以进行更多方面和更加深刻的思考。如此一来，学生发散性思维不仅能够获得锻炼和发展，其历史素养也能够得到提升。

（四）通过优化课堂，开展教学辨析

在教师和学生之间进行适当的教学辨析，对于推动学生历史素养和水平提升具有非常突出的作用，也符合新课程改革对学生素质的要求。要想保证教学辨析顺利实施和开展，历史教师必须强化课堂教学形态优化与处理力度。首先，在初中历史教学实践中，教师必须充分考虑学生的学习热点和兴趣特征，设计他们普遍感兴趣的历史话题，进行知识内容讲授的时候，也应该努力靠近学生的实际生活，进而使学生更加顺利和高效地接受知识。例如，一些学生利用假期时间旅行，因此去过的地方比较多，这个时候教师就可以对其去过的地方进行统计，然后让学生进行旅行分享，将涉及的历史知识融入其中，从而强化学生对这部分知识内容的记忆和认识。在教师讲解秦军的奋勇之态时，学生会从自己看到的兵马俑实态出发提出异议，认为很多士兵的神态十分祥和，与教师的讲解存在出入，有价值的教学辨析就可由此开始。其次，教师要将课堂活用，在授课的过程中，学生会提出很多独特的想法，打乱原本的教学计划。

在讲解"世界政治格局的多极化趋势"时，学生会根据自己对世界格局的认识提出异议，这时就需要教师将世界格局进行分析，与学生进行平等辨析，让学生明白虽多国崛起，但世界格局在短期内不会产生根本改变，消除学生疑虑。使学生感受到历史学习的趣味性与开放性，从而更加愿意进行思考，历史辨析能力也将大大提高。

第三章

初中历史教学模式的创新

第一节　初中历史问题探究式教学模式

一、问题探究式教学

(一) 问题探究式教学的概念

所谓问题探究式教学，简单来讲就是通过探究问题的手段来开展教学活动。具体而言，主要指的是教学过程在教师的启发诱导下，以学生独立自主学习和合作讨论为前提，以现行教材为基本探究内容，以学生周围世界与实际生活为参照对象，为学生提供充分自由表达、质疑、探究与讨论问题的机会，让学生通过个人、小组、集体等多种解难释疑尝试活动，把自己所学的知识应用于解决实际问题的一种教学形式。问题探究式课堂教学重视学生智力和创造性思维的开发与发展，注重学生自主学习和自主探究能力的培养与提升，其主张在问题探究的过程中，引导学生学习和掌握有效的学习手段，从而推动其终身学习习惯的顺利养成。在这一教学模式中，教师始终扮演着课堂教学中的导师角色，需要完成的一个主要任务就是调动和激发学生的学习积极性，引导其通过自主探究来获取所需知识和技能，能够自己发现问题、提出问题、分析问题并最终解决问题。除此以外，教师应该具备建构学习情境的能力，要能够为学生创设适当的探究情境，进而推动探究学习活动的顺利进行，更好地把握问题探究的深度，并且能够对问题探究的效果进行准确合理的评价。对于问题探究式课堂教学模式而言，学生作为其中的主人，需要根据教师创设的环境和条件，明确探究的目标、思考探究的问题、掌握探究的方法、敞开探究的思路、交流探究的内容、总结探究的结果。由此可见，在问题探究式课堂教学模式中，无论是教师还是学生，都应该参与其中，并且是以教师和主人的双重身份深入其中，开展教学和学习活动。

（二）问题探究式教学的基本特征

1. 实践性

在开展问题探究式教学的时候，通常都是以学生自身的实际体验为基础和重要条件的，主要实施方式为探究活动，对于学生的亲身实践非常重视，往往需要学生在情境之中亲自操作，在实践当中进行更好的学习。从这一方面来看，问题探究式教学具有明显的实践参与性特征。

2. 合作性

问题探究式教学模式面对的是全体学生，而并非少数成绩优异的学生。问题探究式教学模式要求每个学生都参与其中，充分发挥自己的优势。此外，问题探究式教学活动中，在进行学习计划制订的时候，一般都是通过小组合作的形式，在调查实践的基础上进行全面综合的分析讨论，最终获得结论和意见。由此可见，问题探究式教学具有突出的合作性特征，能够引导学生在合作探究中互帮互助、彼此尊重，从而推动其合作意识和精神的提升与强化。

3. 自主性

和传统教学模式中单向知识传授与被动知识接受等不同，问题探究式教学重视学生自主自觉、积极主动地解决问题，从而获得自己所需的知识。在这个探究过程中，无论是开始阶段的提出问题、制订计划，还是中间阶段的收集资料、解决问题，或者是最终阶段的得出结论、验证假设，学生自始至终都处于一个主动状态。由此可见，问题探究式教学具有明显的主动性特征。

4. 创新性

在问题探究式教学模式当中，一个非常突出的表现，即教师依据教学内容和目标提出问题来启发学生对知识进行深入思考，学生则亲身参与到教学情境中进行问题探索。在这样一个教学活动中，无论是对已经具备的知识和技能进行重新组合，还是发现新的知识、学习和掌握新的技能，和教材中呈现出来的知识以及传统技能之间，都会有比较明显的差异。也正是这种情况的存在，使得问题探究式教学具有较强的创新性。

5. 科学性

和传统教学模式中单纯将学生作为被动接受知识的对象不同，问题探究式教学主张通过创设问题情境，引导学生自觉积极地参与到情境和教学活动中，主动参与到学习活动中，亲身体验科学家通过研究活动获取新知的过程，从而学习和掌握更加科学合理的手段，养成实事求是、联系实际、坚持真理的优良品质，此即问题探究式教学科学性特征的一个重要体现。

6. 开放性

问题探究式教学的开放性特征，主要是针对其评价而言的。对于问题探究式教学而言，其评价内容不应该局限在学生最终的学习成绩上面，而是应该关注其是否真正理解和掌握了相关的知识如概念、原理等；是不是能够利用自己已经掌握的知识来发现问题、收集资料，进而应对问题并解决问题；在问题探究式教学活动中，是不是能够和其他同学进行团结协作、愉快互动，从而获得最终结论并共同撰写科学性报告等。由此可见，问题探究式教学对于形成性评价更加重视。在这种评价之下，教师不仅能够更加准确和及时地了解学生的知识掌握情况和思维能力发展水平，而且学生的学习效率也能够得到提升，进而更加顺利和高效地完成学习目标。

(三) 问题探究式教学设计原则

1. 目的性原则

在进行问题探究式教学模式设计的时候，必须对探究内容需要完成的任务和目标，以及需要体现的重要作用进行考虑。简单来说，就是要遵循目的性原则。究其原因，在实施和开展问题探究式教学活动的时候，有目的地引导学生亲身参与到探究活动和问题情境中，进行实际操作，有利于学生发散性思维、创新能力以及实际动手操作能力的提升，并且有利于学生通过实际操作学习和掌握更加科学合理的学习方法。

2. 部分探究与全部探究相结合的原则

在设计问题探究式教学的时候，应该创设相应的条件，选择一些适当的内容，使学生能够完整地参与到问题探究的整个过程之中。此外，受探究内容、课堂教学有效时间、教学任务等诸多方面的限制，在进行问题探究式教学活动设计的时候，还应该从全局角度出发，利用系统观来进行有意识的设计，逐级推进、系统安排。

3. 主体性原则

在问题探究式教学设计过程中遵循主体性原则，主要指的是问题探究的整个过程中，都必须尊重学生的主体性，充分发挥其主体作用和主观能动性，并且重视学生的自我发展和相互启发。与此同时，在注重学生主体性和主动性等充分发挥的过程中，对于教师的要求也应该随之提升。在问题探究的过程中，教师应该充分发挥其辅助者角色，既要为学生设计科学合理的问题情境，又要引导和组织学生参与其中。要想真正做到这一点，教师就必须能够找到学生和教学内容之间有效结合的最佳点，并且能够准确把握学生的思维方式和习惯，如此才能将各种形式的间接经验更好地转变为学生生活情境当中的直接经验，从而推动学生将自己的经验和技能与所学知识进行更好的结合，推动其创新发展。

4. 面向全体学生，主动发展的原则

在问题探究式教学活动中，具有主动行为的学生是发展过程中的主体。学生的学习行动，是以其主动行为为条件产生的，取决于学生自己究竟做了什么，而不是教师教了什么。在教学活动中，学生主动开展学习行为的主要表现为主动建构新的知识结构和体系、和教师或者其他同学展开积极互动与交流、对自己的学习行为和过程进行反思、改进自己学习策略中存在的缺陷和不足。由此可见，在进行教学设计、明确教学要求的时候，必须重视"知识与技能、过程与方法、情感态度与价值观"这个三维教学目标，要面向所有学生，充分认识到学生之间存在的差异性和个体化特征，要始终坚信每个学生都能够获得成功，从而采取更加科学有效的手段，将所有学生的学习潜力都充分激发出来，使教学活动能够满足所有学生的发展需求，使教学过程可以满足学生个性化发展的需要。

5. 与多种教学方式相互补充的原则

在实施问题探究式教学的过程中，教师应当以实际教学内容和学生的认知水平、发展特点等为基础来设计和组织差异化问题探究情境，并将之与其他教学模式进行互补，从而使其具有更强的实效性。

6. 科学性和教育性的原则

想要设计一个切实可行并且高水平的创造性教学活动，就必须有科学性作为保障。所谓遵循科学性原则，即问题探究活动中的主要内容以及需要完成的目标和任务等，都是科学工作者设计和制定的，而活动中的教学形式与教学手段等，都应该符合学生的认识规律和水平，符合其发展需求。所谓教育性原则，主要是指问题探究互动必须具有教育意义，要将教育融入具体活动的每个环节中。科学性和教育性的原则要求探究活动要有明确的方向和教育目的，把

思想性和科学性统一起来。

（四）问题探究式教学模式的主要环节

1. 创设情境

在教学活动中，无论是选用何种教学模式，实际上都是围绕本次课程中的某一个知识点实施的，问题探究式教学模式同样如此。但是和基于问题式学习存在着明显的差异，主要表现为这一知识点并不是从师生周围的社会生活当中选择的现实问题，也不是学生自主选择的，而是教师依据教学内容、教学目标和实际的教学逐步确定下来的。而这一知识点在得到确立之后，教师就需要通过设置问题或者为学生安排一定的学习任务等手段，选择适当的教学手段，建构与之相关的学习情境，从而引导学生更加全面和深入地进行目标知识点学习。

2. 启发思考

知识点或者学习对象在得到确立之后，就需要正式实施问题探究式教学，而想要使其获得良好效果，就必须在课前向学生提出合适的、具有启发性和引导性的、能够引发学生深入思考的、与知识点相关的问题，从而使学生能够有目标地参与到问题情境中。对于问题探究式教学模式而言，这一环节是非常重要、不可缺少的。教师为学生设置的问题是否对学生具有启发性、是否能够引发学生深入思考，对于问题探究式教学模式是否能够成功，都有至关重要的作用。此外，这些问题通常都是由教师提出来的。

3. 自主（或小组）探究

在问题探究式教学模式中，为了将其作用充分发挥出来，一般都会通过自主探究或者合作探究等方式开展。在具体的课堂教学活动中，本节课的主要目标一般都是学生通过自己的深入探究以及与小组成员的交流合作完成的。因此，对于问题探究式教学模式而言，自主（或小组）探究是其中的一个关键教学环节。在具体实施过程中，教师、学生以及教学技术等诸多条件之间的关系都必须处理好：教师的主要作用是引导和支持学生积极投入其中；学生则需要将自己的学习主动性和积极性充分发挥出来；教学技术需要将自身认识工具的价值发挥出来，帮助学生开展问题探究。

4. 协作交流

协作交流这一环节和前面的自主（或小组）探究环节之间存在着非常密切的联系。学生只有对问题和内容进行认真探究和思考以后，才能够进入高质量的协作交流环节中。换句话说，协作交流的存在是建立在自主探究这一基础之上的，只有如此才能够为学生提供更加科学合理、便捷高效的交流互动与成果分享的平台。在这一过程中，教师主要起到组织、协调、引导的作用。

5. 总结提高

教师引导学生对问题进行回答与总结，对学习成果进行分析归纳，并可联系实际，对当前知识点进行深化、迁移与提高。

二、 问题探究式教学模式在初中历史教学中应用的优势

（一）初中学生的学情特点

对于处于初中阶段的学生而言，其受到年龄和认识水平等影响，存在着明显的知识储备不够丰富、社会阅历较少等特征，从而导致其参与学习活动的过程中，呈现出明显的片面性。在思想方面，初中学生的心智发育常常不够成熟，意志品质水平普遍较低，因此在课堂教学活动中，很难长时间集中注意力。此外，初中学生对于传统灌输式教学模式常常会持有一种批判的态度，对课堂教学内容缺乏参与兴趣，无法积极主动地参与其中。但是初中学生的优势也是非常明显的：他们的思维通常比较活跃，追求新颖性和刺激性事物，具有很强的求知欲，在对待周围事物的时候经常是持有一种批判与怀疑的态度，思维独立性和批判性都有所发展；在对事物进行认识的时候处于一个从感性逐渐向理性靠近与上升的阶段，思维方式也在渐渐从形象思维向抽象逻辑思维方面发展，因此常常具有较强的独立意识。从这一方面来看，教师在设计问题探究式教学模式的时候，必须准确把握初中学生的学情特点，将其学习积极性和主动性激发出来，使学生能够高效参与学习活动中，这是值得初中教师深入思考的一个重要问题。

（二）探究式教学模式的优势

探究式教学模式是指"教师通过组织学生，围绕教师或学生提出的问题，进行有一定深度和广度的研讨，最大限度地发挥学生学习主动性和培养创造力的教学模式"。杜威曾经指出，儿童通过探究活动能够自主形成知识，并建构知识结构，他最早提出将问题探究手段应用到学校教育的各个学科教学中。这种创新教学模式与传统单向灌输式教学模式有明显差异，将设计出来的具体问题作为知识的载体，并依据问题最大化地激发学生参与学习的积极性，从而引

导学生创造性思维的提升，使学生通过自主阅读、观察等手段解决问题，获得所需知识，建构属于自己的知识体系，并将其应用到生活之中解决实际问题。问题探究式教学要求必须将学生的主体作用最大化地发挥出来，引导学生转变僵化的思维模式，激发其探究的灵感与思维、引导其思考的方向、培养其发散性思维、提升其逻辑能力和创新能力、以及发现问题和解决问题的能力；问题探究式教学模式能够给予学生更多、更加充分的探究时间，可以为教师和学生提供更加有效的双向、甚至多向交流空间，有利于建构更加和谐的师生关系与课堂氛围，从而在无形之中激发学生的求知欲望和学习兴趣，使学生更加深刻地认识到自己"探究者"角色，进而优化课堂教学，提升教学效果；探究式教学充分尊重课堂教学的复杂性、创造性和生成性，积极构建动态化的启智课堂，使学生掌握科学的学习方法，提高实践探究能力，完善健全人格，提高综合素质，从而更好地落实课程标准，实现教学目标；探究式教学能帮助教师转变教育观念，更新教学理念，树立科学的学生观、教师观和教育观，不断提高自身专业素养，提升自身生命价值。

三、探究式教学模式在初中历史教学中的实践

探究式教学中的探究主体是学生，教师是探究式学习的引路人和指导者，探究式教学的过程一般沿着"提出问题—做出假设—分析探究—形成解释—质疑批判—检验结果"的思路进行。下面以人教版初中历史七年级下册《繁盛一时的隋朝》为例，具体阐述探究式教学模式在初中历史教学中的实践。

（一）创设情境，明确目标

著名教育学家夸美纽斯曾经提出一个观点，即所有的知识都是从感官开始的。从这一个观念出发来认识教学活动可以发现，学生的学习也是如此。在课堂教学活动中建构和谐恰当的教学情境，不但能够丰富学生的感官，使学生更加全面深刻地感知教学内容，而且能够激发学生的思维活力，将其探究活动的热情和积极性充分调动起来。除此以外，科学合理的问题探究式教学模式能够为学生提供一个更加灵活和可靠的思考方向，有利于提升其思维能力，从而使教师和学生在思维碰撞中闪现火花。

目标作为开展行动的一个主要指向标，是人们前进的重要动力和方向，在问题探究式教学模式中发挥着导向、调控、评价以及激励等诸多积极作用。因

此，教师在制定教学目标的时候，必须从实际出发，使目标科学合理，能够明确可行的教学任务，能够使学生在参与学习活动的时候有路可走。在特定的情境下进入学习状态、明确学习任务是探究式教学的初始阶段。教师首先通过多媒体设备展示一张大树的图片，随后进行提问："如果把我国古代封建社会比作一棵大树，那么这棵大树枝繁叶茂的时候会在哪个朝代呢？哪个朝代奠定了唐朝的强大繁荣？"启发学生通过观察图片，联系历史知识，积极思考并回答问题。通过以上问题，形象展示隋朝和隋唐盛世在中国历史上的地位，同时激发学生的求知欲和好奇心，使学生自然而然地进入学习情境中，了解有关隋朝历史的学习任务。

（二）自主研读，生成问题

学生是课堂的主人，教师应该充分尊重学生的自主性和能动性，引导学生从多角度、多层次、多方面领会教材，启迪丰富的联想，自主构建问题，形成富有创见性的观点。另外，培养学生的问题意识是探究式教学的落脚点，师生通过设疑、生疑来激发学生的好奇心，使其产生对问题探究的热情，在问题串的引导下有所发现、有所见解、有所创造。教师首先出示问题："隋朝大运河的基础知识知多少？"让学生带着问题观看《隋朝大运河》的视频，通过视频再现历史，引导学生回忆已学知识，培养提炼有效信息的能力，为接下来的教学奠定基础；随后溯本追源，教师提问："隋朝是如何建立的（出示隋文帝图片）？"通过人物图片加深学生对历史人物的感性认识，帮助学生结合所学知识，认真研读教材，寻找答案线索；最后教师提问："隋朝是如何完成统一的（多媒体出示图片）？"借助图片拓宽学生的思维空间，帮助学生展开丰富的想象，结合教材文本自主思考，生成新问题。

（三）合作探究，解决问题

课堂讨论是学生相互交流、相互借鉴、相互启发、相互学习的活动方式，对课堂教学的顺利开展起着不可或缺的作用。教师应该为学生搭建实践平台，提供实践机会，鼓励学生主动参与探究过程，积极展示学习成果，促进班级形成相互帮助、相互督促的学习氛围，提高学习效率。提出问题是为了分析和解决问题，解决问题是任何学科教学的目的和归宿，也是探究式教学模式实施的关键。首先，教师通过多媒体展示大量的历史资料，询问学生"如何理解隋朝经济的繁荣"。学生阅读多媒体资料，提取其中的有效信息，分成若干小组进行探究交流。然后，在多媒体提出问题："隋朝经济繁荣的原因有哪些？"教师引导学生注意知识点之间的联系，学生则在小组内部进行讨论并记录，自行总结"隋朝经济繁荣的原因"。最后，教师提问："如何评价隋朝大运河的开通？"出示唐朝诗人皮日休和胡曾关于隋朝大运河的诗，让学生以小组为单位进一步讨论，教师引导学生学会全面、辩证地看待历史事件，突出大运河开通的作用。

（四）梳理线索，归纳概括

指导学生对所学内容进行概括总结，培养学生概括问题的能力。同时帮助学生理清事件脉络、明确事件之间的联系、提升建构意义、拓展学习视野，为下节课的学习做好铺垫。首先，教师组织学生以小组为单位，设计本节课的知识体系。学生通过小组探究，把零散的历史知识系统化，借助多媒体幻灯片进行记录展示。其次，教师提示本节课的知识可概括为"一二三四五"，帮助学生进行巧记，从中体现"寓教于乐"的教学理念。学生则积极思考，组织语言并且合作展示"一次统一、两个皇帝、三个端点、四段运河、五大河流"，从而锻炼自身梳理概括知识的能力。最后，出示地图让学生抢答填充，加深学生对所学知识的理解和记忆。

第二节　初中历史小组合作式教学模式

一、小组合作教学

（一）小组合作教学的概念

在当前的社会发展背景下，新课程改革正在不断激发新的教学手段和方法的形成，也在要求教学理念回归以人为本。从当前的教学方法改革的实际开展状况来看，引导学生积极主动地参与其中与同学共同合作探讨，已经成为教育工作者、教师以及学生等达成的共识。在新课程改革不断深入发展的背景下，合作教学以其先进的教学理念、科学的教学形式以及高效的教学成果，逐渐成为一种深受师生青睐和支持的教学方法。所谓的合作教学，实际上指的就是课堂教学活动中的小组合作学习。具体而言，就是在课堂教学活动中，通过异质小组这一基本形式，针对教学任务和问题与小组其他成员进行交流互动而顺利完成教学目标的一种教学方法。其中，教学活动顺利完成的标准为小组目标的顺利完成，对教学效果进行评价的主要依据为小组成员的总体成绩而非个人成绩。

与传统课堂教学模式相比，小组合作教学模式中的教师和学生角色都发生了转变，更加突出教师教学的主导性和学生学习的主体性。在传统的教学模式中，教师一般无法将学生的主体地位体现出来，在设计教学内容和目标的时候，很容易脱离学生的实际情况而成为空中楼阁。小组合作教学则不同，它重视学生主体地位的激发，将学生看作课堂教学活动中的主角，学生在课堂上不再是被动的知识接受者，可以积极主动地参与其中，提出自己的疑问，或者和其他同学展开合作，灵活地回答教师提出的问题。

（二）小组合作教学与传统教学的区别

在传统课堂教学活动中，几乎所有人都认为课堂教学活动，就是教师在课堂上把知识内容灌输给学生的过程。其中，教师是信息源，而学生只是被动的知识接受者，教师和学生之间是一种单向的知识传授和接受的关系。而实际上却并非如此，教学并不是师生之间的单向传授活动，也不是单纯的师生之间的双向互动，而是会涉及学生与学生之间、教师与教师之间甚至学校与社会之间等各个方面的广泛互动。因此，教学实际上是多种互动的统一体。

在传统的教学活动和教学理念中，学生之间的相互作用往往会被人们所忽视，认为其是无关紧要、没有用处的。而小组合作教学将学生之间的相互作用放在一个非常突出和重要的位置，认为其是教学活动中一种具有重要价值和作用的互动方式并加以利用。这种重视学生之间互动的态度和传统教学观念形成强烈反差。小组合作教学认为，想要推动学生学习的进步和发展，就必须重视和发挥教学动态因素之间的互动作用，这种观念已经不再单纯局限于教师和学生之间的互动上面，而且包括教师与教师之间以及学生与学生之间的互动交流。

（三）小组合作教学的作用

综合来看，小组合作教学的主要作用涉及如下几个方面：

第一，小组合作有利于将学生的学习兴趣和积极性充分调动与激发出来，可以引导学生在一个愉悦有趣的情境中高效地完成学习任务。事实上，对于很多学生而言，他们通常都是比较喜欢和他人合作的，通过互动和交流来汲取他人的长处，弥补自己的不足，从而逐渐养成健康向上、积极正向的思想品质。在教学活动中，我们一直强调"兴趣是最好的老师"，而小组合作教学正是推动学生从被动式的"要我学"向主动式的"我要学"转变，激发学生学习的积极性，使其在合作共赢当中体会到求知的乐趣。对于教学活动的开展而言，理想的课堂应该是充满激情和活力的，教学过程应该是学生价值被发现、被尊重以及学生进行自我超越和升华的过程。而小组合作教学能够引导学生通过感悟知识来获得新的发现，并且在精神层面获得求知愉悦感，从而充分激发学生学习的积极性。

第二，小组合作教学有利于培养和提升学生的自主学习能力。在当前这个知识爆炸的时代，学生想要适应社会发展，就必须掌握更多信息和知识。而想要做到这一点，就必须强化学生学习能力的提升，因为这种能力对学生一生而言都是非常有用的。此外，在小组合作教学活动中，学生可以将自己的收获进行灵活展示，并且可以将自己的疑问提出来，有利于学生思维的活化，以及自我学习能力的强化。这样持续下去，学生就能够越来越主动地投入学习活动中，思维也会越来越深入，进而促进其终身学习理念的树立和能力的提升。小组合作教学对于课堂教学效果的提升，也具有促进和提升作用。新课程改革的一个重要目标就是提升课堂教学的有效性，体现学生的主体地位，推动学生从被动接受知识向主动学习知识转变，使传统的教师单向讲授向师生共同学习、共同成长发展，使学生能够积极主动地参与到课堂教学中，树立敢于质疑和团结协作的优良品质，从而推动学生全面发展。

第三，小组合作教学有利于建立新型师生关系和同学关系。在小组合作教学模式的课堂中，教师往往也需要深入学生群体之中，和学生共同分析与讨论，如此一来便能够强化师生之间的交流，从而密切二者之间的感情联系。而良好师生关系的建构，正是推动学生综合素质全面发展的重要因素。

第四，小组合作教学的开展，有利于学生创新思维的培养与发展。在小组合作教学模式的课堂活动中，参与其中的每个学生都有自己独特的思维习惯和方式，而这些差异化的思维火花聚到一起的时候，通常能够碰撞出新的思维火花。

（四）小组合作教学理论基础及学习心理探究

1. 小组合作教学的教育学依据

建构主义认为，人们在建构和解释现实的时候，都是以自己的经验为基础完成的。知识建构理论认为，人们之所以能够建构自己的知识结构，一方面是因为个人主体活动的参与，另一方面也是因为主体之间相互交往的开展。从根本上来说，人们形成的知识和认识均是不同主体在社会生活中建构完成的重要产物。由此可见，人们的学习活动是一种主动性突出的活动。因此，在教学活动中，学生并不是知识的被动接受者，而是在接受知识的时候，还需要对外部信息主动进行选择与加工处理，在此基础上形成自己的理解和认知。此外，在教学活动中，还应该重视教师和学生之间合作与反思，为学生建构一个民主平等、和谐放松的环境和氛围。建构主义理论提出的观点表明，学习者获取自己所需的知识，主要的路径并不是教师传授，而是在特定的社会文化背景以及具体的学习情境中，利用掌握的学习资源，通过和他人协作、交流、互动以及本人的意愿建构完成的。建构主义理论主张教学活动应当将学生作为中心，要求学生从被动知识接受者，向信息加工主体和知识系统的主动建构者转变与发展，这些认识都为小组合作教学的形成与发展奠定了重要基础。

2. 小组合作教学的心理学基础

教育心理学指出，动机是直接推动有机体通过具体活动来满足自身需求的内部状态，是产生行为的直接原因和内部动力。因此，对于合作小组来说，其中的成员想要完成自己的目标，其他成员都应该帮助组内同伴完成对小组发展和成长有利的事情。而且小组成员也处于一种相互联系、荣辱与共的状态，更为重要的是，要鼓励同伴们尽最大的努力为小组争得荣誉。小组成员之间能建立友好合作的关系，共同负担学习任务，互相帮助解决学习上的问题，这样就会促进学生的共同进步。

认知心理学认为，适当的外部条件和内部条件可以创设有效的学习，科学知识必须内化到主体的认知结构中才是有意义的。合作教学乃至国外其他教学方法的共同发展趋势，就是越来越尊重学生学习的认知规律，重视学生在学习中的主体地位，重视运用科学的认知方式和策略，努力为学生创造一个良好的学习环境，提供一个主动加工信息、发挥潜能的机会，使其产生积极的、有意义的学习。初中学生开始进入青春期，思维的独立性显著发展，不满足于简单的说教和现成的结论。随着思维的日渐成熟和自我意识的觉醒，学生根据目的而做出决定的水平不断提高，克服困难的毅力有所增强，开始较多地体现出主观能动的作用，希望被注意、被承认。所以，学生的自主性需要发挥，自主学习能力需要发展。

二、初中历史教学中开展小组合作教学的必要性

（一）21时代的要求和新课程的规定，迫使历史教学改变教学理念

第一，随着时代的不断发展和科学技术的不断进步，合作与竞争已经成为21世纪学生必须面对的一个重要局面，而想要在这个越来越激烈的竞争环境中始终保持优势，实现自身价值，就必须重视合作价值的发挥与体现。因此，无论是在何种学科的教学活动中，合作意识都必须充分体现出来，必须培养和提升学生的合作能力，开展合作小组教学。具体到初中历史教学活动也是如此，必须变革传统被动单一的教学模式，重视学生自主探究、团结协作等能力的培养和提升，使学生能够在21世纪获得更好的成长与发展。

第二，新课程在"过程与方法"中明确提出，要"乐于同他人合作，共同探讨问题，交流学习心得"；在"情感、态度价值观"部分提出，要"确立积极进取的人生态度、坚强的意志和团结合作的精神"。由此可见，无论是在相关的规定方面还是具体内容方面，新课程都为教师和学生提供了更多、更加广泛的思考与讨论空间。对于传统的历史课程教学而言，对其进行改革是非常必要的。要想适应这个时代和社会发展，就必须转变过去枯燥单调的知识本位课程，这也是新课程改革中历史教学改革的一个重要目标。而想要完成这一目标，就必须对其进行全方面、综合性变革。对于教师而言，必须打破传统陈旧的教学理念的束缚，掌握更多、更加先进和灵活的教学手段，为学生创设更加宽松和谐的学习情境，引导其主动参与其中，使学生能够在和谐平等的环境中顺利高效地完成学习任务。

（二）新生代初中学生的心理反映，需要进行小组合作教学

初中阶段的学生，心理普遍处于由稚嫩向成熟不断发展的时期，此外，这一阶段对于学生而言也是一个人生转折期。从当前的初中学生群体来看，受年龄、时代和信息技术发展的影响，往往具有比较活跃的思维和比较宽广的知识面，因此对于现成结论往往表现出不满足或者质疑的态度。尤其是在今天这个知识大爆炸的环境中，初中学生的精神生活空间与之前任何一个时代相比都要大得多，其社会视野也更加广阔。在遇到问题的时候，不仅会对别人提出"为什么"，自己也往往会对这一问题进行反思。当前时代中，初中学生普遍存在的这种批判性思维正是思维渐趋成熟的重要表现，对其未来的生活和独立工作都具有重要意义。

与此同时，初中学生也往往具有非常强烈的追求独立与自由的愿望，但是其自身往往缺乏必要的经验和知识。在这一阶段，他们往往依据自己的意愿逐渐摆脱对父母的依赖，转而从同龄人中寻找归属感。因此，在初中历史课堂教学中开展小组合作教学，有利于充分激发学生的发散性思维，并且强化其在团队中的认同感。因此，教师在实施小组合作教学的时候，可以为学生提供一个事件或者场景，让小组成员开展情景剧或者小话剧。在具体的角色扮演中，学生就好像亲身参与到历史事件中，不仅能够更好地掌握知识，而且在成员共同努力的过程中更能够感受到团结合作的优势。在小组合作完成任务的过程中，其中任何一个环节出现问题，都会严重阻碍任务的顺利完成。因此，小组成员在合作教学中必须要端正自己的态度，强化自己的责任感，在此基础上配合其他成员，进而顺利完成教学任务。

三、现阶段初中历史小组合作教学模式的状况及问题

第一，目前来看，虽然很多教师会在初中历史课堂教学活动中引入小组合作教学模式，但是往往"只重其形而不得其神"，具体教学活动中只呈现出一副空架子而缺乏实效性。

第二，在将小组合作教学模式导入初中历史课堂教学实践的时候，教师操作往往存在一些误区，从而导致小组合作教学过于形式化，真正价值无法体现出来。例如，一些初中历史教师在课堂教学中引入小组合作教学以后，一些小组的讨论缺乏组织性和条理性，甚至打着讨论问题的幌子而随意聊天，这样就无法发挥出小组合作的优势。还有一些小组讨论，自始至终都是成绩优异的学生占据主导地位，而学困生往往保持沉默，在讨论和最终发言表述的时候也不发表自己的认识和看法，甚至出现学困生提出观点而不被小组接纳的情况。长此以往，必然会导致教学活动无法获得理想效果，学生的学习成绩呈现出更加严重的两极分化趋势。

第三，在很多学校的初中历史教学活动中，小组合作教学模式的应用依旧流于表面，无法深入教学活动的内部，从而无法获得令人满意的效果。众所周知，小组合作教学模式的最终目的，就是激发学生自主学习的积极性，使学生能够主动参与学习活动，培养和提升学生发现问题与解决问题的能力，推动其综合素质全面提升。而这也正是帮助学生建构独立思考和主动探索的意识体系，通过问题探索总结与分享自己的发现和成果的重要途径。实际上，在小组合作教学模式中，教师设定的问题往往单靠一个学生是很难完成的，因此才需要小组合作来共同解决。但是，很多教师在真正实施小组合作教学的时候往往意识不到这些重点，认为只要遵循"提出问题—小组讨论—回答问题"这一过程来实施教学活动就代表成功，没有主动引导学生认识和掌握小组合作教学模式的精髓。

四、初中历史小组合作教学模式问题的解决办法

（一）选择适当的合作教学时机

在开展初中历史课堂教学的时候，能够使用的方法是比较多的，将小组

合作教学引入其中，虽然能够获得比较好的教学效果，但是并不代表其就是唯一的手段。将小组合作教学模式应用到初中历史课堂教学活动中，有利于学生学习兴趣的激发和教学质量的提升、有利于师生互动的强化和传统的历史教学手段相比具有明显优势，但是在实际应用中，教师必须注意把握好时机，绝对不能盲目应用。如果教师脱离教学内容，不顾教学时机和场合而随意应用小组合作教学模式，很容易出现反效果。因此，教师必须灵活应用小组合作教学模式，根据具体的课堂教学内容和学生的实际认知水平，选择适当的时机应用这一模式。例如，对于那些较为简单和常规化的历史知识，教师可以直接采取讲授式策略传递给学生，而对于那些比较复杂、知识涉及较多的内容，则可以选择通过小组合作教学模式完成。

（二）组建结构合理的合作小组

首先，在开展小组合作教学的时候，小组成员人数应该合理，不能过多也不能过少，否则就无法达到小组合作的目的。诸多实践和相关研究都表明，一个科学合理的小组，成员控制在4～6人是比较合适的。如果人数过少，就无法集思广益，在具体讨论的过程中往往没有生机，最终得出的结论也会显得比较浅薄；而如果人数太多，就很容易出现讨论混乱、管理难度变大等问题。

其次，在开展小组合作教学的时候，小组成员不能过于局限，是可以适当发生变化的。在教学活动中，教师可以根据设定的问题对组员进行适度调整，要允许男女同学互换，也要允许学生依据自己的需要和特征自由组合。教师应该充分认识到，一个小组的成员如果长时间保持固定而没有任何改变，那么合作过程中就必然会出现枯燥无聊的感受。如果恰当、灵活地对组员进行调整，不仅能够有效保证小组成员的新鲜感，而且可以有效避免少数学生长时间在组内占据主导地位的情况出现，能够给其他学生提供更多展示自我的机会。因此，小组成员是可以适当调整的。

最后，在划分小组成员的时候，应该遵循求同存异、优势互补的原则，要引导学生在小组合作中互帮互助，将自己的价值和才能充分体现出来，尽自己最大的努力推动小组合作的运行与发展。在小组合作教学活动中，教师必须重视学生之间的差异性，尊重学生的个性，但是要引导其与小组整体目标保持一致。一般来说，每个学生所擅长的都是存在差异的。因此，应该将每个人的优势都发挥出来，使小组成员之间优势互补，从而为团队提供更多能量。

（三）建立一套权威性的合作常规

在历史教学活动中实施小组合作教学，有利于活跃课堂气氛，激发学生学习的积极性，从而使其主动投入学习活动中。但是，在课堂教学活动中如果缺乏一个合理有效的合作常规，常常会导致课堂教学混乱无序。因此，在课堂教学活动中，必须建立一套具有权威性的合作常规，以帮助教师维持较好的课堂秩序，推动学生养成比较良好的讨论习惯。

1. 合理分工，明确职责

教师在开展小组合作教学的时候，应该依据每个学生自身的特点，对学生进行准确定位，合理设置组长角色、记录员角色以及成果汇报员角色等。只有使学生都能够清楚地认识到自己的角色和定位，才能够推动小组合作教学活动更加高效地开展。在整个小组中，组长的主要任务就是引导和组织小组成员进行有效合作与讨论，要确保每个成员都积极参与问题讨论，从整体角度把控全局，引导小组合作顺利进行；记录员的主要工作是将讨论过程中出现的问题和观点等记录下来，以帮助小组成员更好地应对与解决问题；成果汇报员的主要任务则是将本组的讨论成果向全班同学和教师进行汇报。如此一来，合作小组中每个人都能够各司其职，在进行问题讨论的时候，就会有一个较强的目的性，可以有效避免迷失方向等问题出现。此外，对小组成员进行明确分工也能够锻炼学生的合作能力和敢于承担责任的精神。

2. 培养良好的合作教学习惯

想要顺利开展小组合作教学，就必须培养每个学生都具备合作学习的良好习惯。具体来说，主要涉及以下四个方面：第一，学生应该善于思考。要有自己的主见，避免随波逐流。第二，要善于倾听。在小组讨论中，相较于说，听往往能够获得更多有价值的信息，认真倾听他人讲话也是一种行之有效的学习手段。第三，要积极发言。在讨论活动中应该勇于表述自己的观点和看法，不要害怕出现错误。第四，要自觉遵守合作规范，以推动学习活动顺利进行。

3. 营造宽松的学习环境

优质的学习环境可以培养出优秀的学生，学习环境过于紧张不利于学生的身心发展。因此，一个宽松、自由的学习氛围是非常重要的。教师应该为学生的小组合作学习营造一个民主、和谐、轻松、愉快的学习氛围，充分尊重学生的个性特点，鼓励每个人都积极地参与进来，让他们在快乐中学习，并在学习中体验快乐。

（四）合作教学的时间要充分

小组合作教学的效果需要充裕的讨论时间做保障，如果时间过少，那么讨论学习也就过于形式化，达不到根本的目的。所以，教师应该适当调整课堂时间，给学生安排足够的小组讨论与交流时间，争取让每个学生都能在小组合作教学的过程中有发言的机会，相互学习，取长补短，使他们的聪明才智得到发挥。

（五）评价和奖励的方式要多样性

首先，奖罚分明。奖励表现较好的小组，同时也要鼓励表现不好的小组，也可以采取小小的惩罚来鞭策他们，争取在以后的小组合作中取得更好的成绩。此外，还应该提倡小组之间的互相帮助和共同进步。

其次，重视讨论过程的评价，不能只看讨论结果。对于讨论过程中纪律好、方法好、态度好的小组要适当地给予表扬与奖励，鼓励他们继续发扬良好的学习精神，这样可以让他们的学习情绪更加高涨，学习动力十足。

第三节　初中历史信息传递式教学模式

一、信息传递教学模式的内涵

要了解信息传递教学模式的内涵，首先就必须了解信息的含义。

（一）信息的内涵

完整的信息论是人们在进行通信研究的过程中逐渐形成和发展的。信息论的提出可以追溯到20世纪中叶，是香农首先提出的，并利用概率论对产生信息的输血模型进行了比较准确的刻画，而且提出了对信息进行度量的数学公式。此外，香农还利用概率论对信息传输过程进行了更加深入的描述，而且给出了反映信息传输能力的容量公式。另外，在香农提出的信息论还涉及一组信息编码定理以及对传输信息的基本界限等内容。但是总体来看，其提出的信息论的主要内容为通信过程中信息量度与传输，因此我们通常将之称为狭义信息论。近些年来，信息论已经逐渐进入各个行业、各个领域之中，并且均获得较大成果。基于其发展历程，我们在界定和认识信息论的时候，可以从以下三个方面进行：

第一，狭义信息论，也就是通信过程中涉及的数学理论。这种信息论往往是将信息作为通信过程中传递的消息看待，认为信息就是人们在通信过程中需要让对方了解的内容。

第二，实用信息论。其实际上就是狭义信息论在调制与解调、编码和译码、检测理论等多个领域中的应用，主要还是在通信等领域中。在这种信息论下，信息被看作是人们进行运算和处理问题所需要的条件、内容与结果，常常以数字、数据、图表和曲线等形式表现出来。

第三，广义信息论。在广义信息论的认识中，信息被认为是人们感知获取的重要来源，其基本特征如下：信息是在对物质的认知中获取的，而不是物质本身，如果人们掌握的信息和看到的物质是不一样的，那么信息交换就无法顺利实现；信息和能力之间具有非常紧密的联系，但是二者并不是等同关系，一般来说，在时间不断向前推移的过程中，信息会随之不断发展、扩充和变化，因此具有明显的增值性；信息具有知识秉承性，能够将与事物运动相关的知识传递给观察者；信息可以作用于人类或其他生物，可以被这些观察者所感知、检测、识别、存贮、传递、处理与应用，这也是信息的本质特征。此外，由于能够对信息进行加工处理和归纳整合，因此其浓缩性特征也是非常明显和突出的。在当前社会环境中，人们进行信息处理的时候，可以对其形态进行一定的转换，如将物质信息转换为图片、文字等形式，因此信息具有可转换性。从广义信息论的相关界定来看，所谓信息，就是人们在适应和控制、改变外部世界的活动中与其进行交换的内容。

综上所述，对于信息可以进行如下认识：即信息就是反映生活主体（如人类）和外部客体之间相关情况的情报和内容。生活主体在接收到信息之后，便会对其进行识别、掌握和评估，以此为基础，采取合适的行动来适应外部环境。

（二）教学信息

从教学信息自身内涵来看，它是由众多信息共同组合而成的，无论是哪个学科的教学活动，其中传递和表达出来的基本内容都属于信息的范畴。因此，我们也可以认为，整个教学过程实际上就是信息传递的过程。教学信息的基本特征主要为以下方面：第一，从实际的教学活动开展来看，在完成某个特定的教学任务或者目标之后，学生能够获取一定的知识，但是教师并没有失去这些知识，因此教学内容是可共享的，教学信息具有可分享性特征；第二，在教学活动中，教师在将教学内容传递给学生之后，使得掌握这些内容的人越来越多，表明教学信息具有可增值性特征；第三，随着信息技术的不断发展，越来越多的现代化教学手段被应用到教学活动中，使得教学内容的呈现形式越来越多样化，表明教学信息具有明显的可转换性。从上述内容可以看到，教学内容是符合广义信息论基本特征的，因此我们可以认定教学内容本身便是信息，而通过信息传递教学模式来实施教学活动是切实可行的。

二、课堂教学的信息传递策略

对于信息系统而言，主要是由教师输出的信息和学生反馈的信息两个部分共同组成的。因此，在课堂教学实践中，教师必须采取有效手段对自己输出的信息和学生反馈回来的信息进行处理和优化，从而为课堂教学实践服务，推动课堂教学质量提升。

（一）教师输出教学信息的策略

1. 语言策略

苏霍姆林斯基曾经提到一个著名的观点，即教师的课堂教学语言对学生课堂脑力劳动效率有决定作用。也就是说，教师的课堂教学语言如果比较生动形象，能够激发学生的兴趣，就能够引导学生获得较高的脑力劳动效率。这里提及的脑力劳动效率主要就是学生接受信息的能力。而语言作为传递信息的重要载体，对于学生接受和理解信息都会产生重要影响。

（1）准确规范、清晰简明。

教师在开展课堂教学活动的时候，必须确保自己所用的语言具有科学性。具体而言，教学语言的科学性，即语言既要准确规范，又要清晰简明。这里提及的"规范"，就是说采用的教学语言应该符合普通话标准，吐字要清晰，词语和句子选择应该精炼明确，切忌选择那些含糊不清的词汇或者语句，否则很容易导致学生无法顺利且准确地接收到教学信息。此外，教学语言逻辑性也应该得到重视，教师在进行知识和教学内容传授的时候，必须要保持一个严谨周密的逻辑思维，讲课要有条理，语言要简练深刻，以方便学生准确高效地捕捉自己所需信息。

（2）生动形象、节奏适当。

相关研究结果表明，形象化信息是人们最乐于接受的信息，也是人们最易于接受的信息。而对于形象化信息来说，简单、趣味性强等都是其突出特点，不但能够激发学生的思考与想象，而且可以充分调动学生的兴趣和求知欲望，从而推动学生在有限时间内，完成对信息的量化吸收。除此以外，教师对于教学语言节奏的把握也是相当重要的，必须对信息的难度有足够的把握，以此为条件进行适当的语速调整，从而给学生带来不同的兴奋点和感受，使其可以更有效地接受知识信息。

（3）富有情感，寓情于理。

教学信息的输出过程实际上也正是师生之间进行情感交流的过程。教育心理学相关研究结果表明，相较于纯粹理性话语，教师在课堂教学活动中适当采用情感性语言通常能够获得更好的教学效果。基于这一认识，教师在进行教学实践的时候应该以满面春风的语态、浓郁情味的话语和饱含激情的语气去激发学生的内在情感，以情动人，寓情于理。在这种感性的学习环境中，学生往往能够对学习保持更大的兴趣，更有利于学生将自己的情感转化为学习动机，进而主动接收信息，进行快乐学习。

2. 行为策略

（1）体态语。

所谓体态语，实际上就是我们经常说到的肢体语言，即教师在开展课堂教学活动的时候，通过表情、手势或者其他动作等来代替口头语言，将知识信息传递给学生的一种言语行为。相较于口头语言，体态语往往更具直观性和形象性。一般来说，体态语可以分为外表言语、姿态言语和面部言语三个方面。所谓外表言语，即教师利用衣服的穿着情况、发型或者妆容等将教学信息传递给学生，是教师外在气质的重要呈现。在教学活动中，一个服饰得体整洁、妆容自然的教师往往能够获得学生更多的尊重和亲近，从而发挥出教学的潜在效果。所谓姿态言语，即教师在课堂教学活动中，利用自己身体的各个部位进行教学信息传递，其中最常见的便是手势语的使用。作为人身体中最灵活的器官，在教学活动中，合理用手势常常能够有效弥补口头言语信息传递中的缺陷。因此，教师在进行课堂教学实践的时候，必须重视手势语价值和作用的发挥。例如，当学生回答问题或者课堂表现比较好的时候，教师就可以通过竖大拇指来给予肯定。所谓面部言语，即教师通过自己的面部表情或者五官动态来传递信息，其中比较突出的便是眼神与微笑。对于人体的所有器官而言，眼睛是其中最神奇的器官，通过眼神交流，我们常常能够了解到他人的喜、怒、哀、乐等诸多不同情绪。因此，眼神活动一般能够传递出更加丰富多样的信息，可以配合面部表情变化共同发挥作用。在课堂教学实践中，教师应该始终保持微笑，给予学生轻松愉悦的感觉，在面对那些无法有效回答问题的学生时，应该通过一种比较柔和的延伸给予其鼓励和安慰，对于那些后进生，教师应该多给予其信任的眼神，帮助其激发学习信心，使其积极主动地投入教学活动中。在教学活动中，只有合理应用这三种体验语，并配合口头言语，才能够更好地传递教学信息。

（2）把握课堂节奏。

把握课堂节奏，一般是指把握时间节奏和把握教学节奏两个方面。

① 时间节奏。

脑科学领域的相关实验结果表明，在45分钟的课堂教学活动中，不同时间段学生的注意力会表现出不同的波动趋势：1～10分钟注意力最集中，11～20分钟注意力比较集中，21～30分钟注意力开始分散，31～40分钟注意力不集中，41～45分钟注意力集中。依据这一实验结果，教师在开展课堂教学实践活动的时候，应该根据学生的注意力差异来科学设置教学进程，适时调整教学计划，选择合适的时间来传递教学信息。例如，在学生注意力较为集中的阶段，采取有效教学手段将重点教学信息传递给学生，而在学生注意力比较分散的时间段，教师可以适当地组织活动来活跃课堂气氛，缓解学生的疲劳感，从而激发其学习活力。

② 教学节奏。

从教学节奏方面来看，教师在对其进行把握的时候，应该遵循"由浅入深、由易到难、由简到繁"的原则。也就是说，教师切忌一上来就将难度较大的信息传递给学生，而应该从简单的、学生比较容易理解的内容和信息切入，循序渐进，逐渐增大难度，如此才能够一步步地激发学生学习的积极性和有效性。因此，即使在进行课堂教学实践的时候，也必须有效把握教学节奏，如此才能够使教学信息更加有效和持续地传递下去。

（3）运用媒体策略。

心理学研究表明：一个正常人用眼接受的信息约占83%，用耳听约占11%，用鼻子闻约占3.5%，用舌头尝约占1%，用手和身体接触约占1.5%。显然，从这个数据中可以看出，通过视听渠道接收的信息高达94%。因此，在教学中利用多媒体传递信息显得尤为重要。随着科技的发展，如今的教学媒体主要分为传统教学媒体和现代教学媒体。

传统教学媒体主要指的是黑板、粉笔、教具、标本等实物，在先进的信息技术冲击下，其相较于现代化多媒体教学手段呈现出诸多不足和缺陷，但是在一些特定方面仍然是有突出优势的。正如英国著名学者贝茨指出的那样，媒体，通常都是非常灵活的，是能够进行替换的，而其中需要考虑的关键，是在特定条件下选择何种媒体更加合适。例如，传统教学媒体中的黑板和粉笔应该就是应用最为广泛的两种工具了，即使是在现代化教学活动中，也具有无可比拟的优势。英国牛津大学曾经出版过《教育学》一书，其中便有对黑板进行专门介绍的内容，指出在所有的直观教育当中，黑板是使用最为普遍、最为灵活和最为重要的，能够利用最为精练的语言和文字、最为直观的图像和表格为学生提供一个有效的视觉通道。因此，教师在黑板上进行板书的时候，必须要注意板书技巧，最终呈现出来的成果应该条理清楚、结构明确，有利于学生更加直观和深刻地认识重难点教学内容，使学生对相关知识能够一目了然，有利于对知识进行反复认识和理解，强化信息接收。此外，教师应该保证板书内容精炼准确，如此才能够确保学生更加清楚地认识到重难点内容和基础知识内容，而且精练的文字表述也能够有效避免学生产生视觉疲劳。

所谓现代媒体，主要包括投影、幻灯片、计算机等设施设备，能够将图像、声音、视频等诸多形式融为一体，在教学实践中呈现出生动形象、直观有趣的特点。因此，教师在组织和设计课堂教学活动的时候，应该将各种媒体设备的优势和价值充分体现出来，进行适当的组合来辅助教学实践，向学生传输图像、视频、声音等诸多形式的教育信息，使学生能够获取更加全面、丰富和鲜活的信息内容。

（二）教师处理反馈信息的策略

信息反馈是信息传递过程中一个非常重要的环节，美国教育家布鲁纳指出，教师在开展课堂教学活动的时候，必须注意学生的不同反应，主要原因就是，教学活动是在不断的刺激反应和纠正反应的循环中进行的。一般来说，学生并不能全部接受教师传递的信息。在具体的教学实践中，可能会遇到各种状况致使信息出现损耗或者发生变化，而信息反馈正是有效应对这一状况的重要措施，能够将学生的实际信息掌握情况传递给教师，如此一来教师便可以及时了解和掌握学生的实际学习情况，以及学习过程中存在的问题，从而采取适当措施进行应对，确保课堂教学有效运行。

1. 及时有效策略

相关研究表明，学生能够及时认识到自己的学习效果，是推动其学习进步的一个重要影响因素。因此，在教学实践中，教师必须对学生的具体情况有充分的了解，以便选择最佳时机调整教学策略，及时从学生身上获取反馈信息，并给予反馈与评价，从而保障教学信息的传输质量，提高教学效果。

2. 察言观色策略

由于不用学生之间具有明显的差异性和个性化特征，因此课堂教学中学生的信息反馈表现也常常存在较大差异。例如，有的学生习惯用语言来进行反馈，有的学生喜欢用非语言方式进行表达。因此，教师在课堂上必须具备敏锐的观察力与准确的判断力，能够及时有效地捕捉学生神情、动作等传达出来的信息，做到"视其外应，以知其内藏"。

（1）语言反馈。

对于师生而言，语言反馈是一种最直接的反馈手段。通过适当的语言描述，教师可以和学生进行更为有效和密切的互动，学生在回答问题或者提出疑问的时候，也能够将自己的实际情况反馈给教师，如此一来，教师便能够更加准确地了解到学生学习过程中存在的不足和问题，从而更具针对性地设计下一阶段的信息传递。

（2）表情反馈。

表情一般包括真表情和假表情两种。所谓真表情，即学生的真实想法通过表情反映出来；所谓假表情，即学生为了迷惑教师而故意做出的不当表情。因此，教师应该具备区分真假表情的能力，以便从中获取真实有效的反馈信息。一般来说，如果教学过程中学生的注意力能够始终集中到教师身上，保持认真的态度，并且时不时点一下头或者露出微笑，就表明学生接收到教师传递的信息；如果学生在课堂上注意力分散，情绪比较低落，即表明其无法适应当前的教学活动，因此需要对教学活动和手段进行适当调整。

（3）肢体动作反馈。

社会学互动理论认为，恰当的肢体语言能够最大限度地呈现出一个人最真实的内心世界。在教学活动中，学生不经意间做出的一些动作常常表明其认同或者不认同教师传递的信息。例如，在历史课堂教学中，学生如果翻阅课外书籍或者表现出一些无关紧要的小动作，常常代表学生对教师输出的信息不感兴趣，这个时候教师就需要适当转变教学手段，使教学信息更具吸引力，如可以利用趣味故事来激发学生的求知欲望，然后再将重点转移到授课内容上面。

3. 对症下药策略

在初中历史课堂教学实践中，信息反馈的"症"主要涉及两个方面，即学生之间的个体差异和教学活动出现的具体问题。而想要确保信息传递畅通无阻，就必须准确找出存在的症状并对症下药。一个班级都会有多名学生，每个学生都有自己的个性，在信息意义建构和反馈等方面都是存在差别的。因此，教师应该在此基础上对学生进行个性化评估，使学生能够准确认识到自己的特点，并以此为基础对学习活动进行适当调整，重塑对信息的认知和理解。除此以外，课堂教学活动中还经常会出现一些教学问题。面对这一状况，教师应该从学生的信息反馈中找出问题的原因，进而选择针对性手段解决这一问题，确保信息有效传递。

三、信息传递教学模式

所谓信息传递教学模式，即通过教师的课堂讲授，来推动学生产生认知活动的手段。在信息传递教学模式中，学生想要提升和发展自己的认知水平，就必须掌握和储备足够的知识与信息，这样就会形成教学活动的主要形态。对于初中历史课堂教学而言，课堂教学活动的主要内容，都是需要教师事先进行准备和组织的，这样才能在教学过程中将知识和信息有效地传输给学生，学生才能够在教师指导下进行更加高效的学习活动，从而学习和掌握基本的历史知识与技能，提升自己的认知水平和思想道德素质水平。由此可见，信息传递教学模式的主要目标就是引导学生学习和掌握基本历史知识和技能，提高学生的认知水平。

在开展课堂教学以前，教师必须做好充分准备，要在课堂教学活动中，选择适当的教学手段将教科书中的知识传递给学生，将自己的主要作用和价值呈现出来，推动学生信息接收能力的提升。但是需要注意，在信息传递教学模式中，教师始终扮演着教学主体的角色，其本身对于最终教学效果的获得便具有决定作用。此外，教师应该负责组织设计教学内容的工作，需要通过课堂知识讲解、引导学生阅读以及给其留作业等手段，推动学生更加深刻地接受和掌握知识信息。可以说，在信息传递教学模式中，教师的主要任务就是组织与传递教学内容，而学生的主要任务就是学习和掌握知识信息。

信息传递教学模式深受凯洛夫教育学影响，只强调教师在课堂活动中的作用，而没有看到学生创造性的有效发挥所具有的价值，因此受到很多人批判。例如，有些学者认为，信息传递教学模式太过机械化和被动化，很难达到令人满意的教学效果。而从初中历史角度来看，信息传递教学模式的知识性和认识性都是非常明显的，因此在初中历史教学活动开展中，信息传递教学模式始终扮演着相当重要的角色，即便是在新课程改革不断深入的背景下，也无法动摇这一模式的基本地位。

四、信息传递教学模式的一般模式

虽然教学内容属于信息范畴，但是在对教学活动中的信息传递进行分析和探究的时候，仍旧不能直接引用信息论中的方法。其原因是，教学过程呈现出明显的复杂性，直接采用信息论中的分析方法，无法满足历史教学的实际需求。教学活动非常复杂，学科不同，其教学内容、教学手段和形式等都会有所不同。但不管是哪个学科，教学活动的开展都必须有师生共同参与其中，都是学生掌握知识与能力和形成情感、态度与价值观的过程。从广义上来看，所谓教学，就是教师通过一定的手段在课堂教学活动中将知识信息传递给学生，是使师生之间产生互动与交流的重要活动。也就是说，教学活动的开展是需要人参与其中的，活动的主要承受者即教师和学生。因此，想要准确认识和掌握信息传递教学模式的基本内容，就必须对师生的地位和作用进行深入分析与研究。

一般来说，教学信息都始于教师，经过一定的调制，通过一定的途径传递给学生的。学生在接收到教师传递过来的信息之后，也需要进行消化和存储，然后通过相应途径反馈给教师，从而帮助教师充分认识和深入了解教学活动，并且为下一阶段的教学活动开展做好准备。一般来说，教学活动都是师生面对面发生的，也就是所谓的"面授教学"，是教师以教材、教学计划、教学大纲等为基础进行备课和讲课，将相应的教学信息传递给学生的过程，主要反映在教学内容中的文字、语言以及动作等信息内容上面。如果教学活动中教师会利用直观教育，常常还能够给学生带来视觉和听觉感受。因此，在课堂教学中，面对纷繁复杂的教学内容，教师必须合理组织与编排相关信息，从而推动学生在信息刺激中使自己的思维认识得到深化。具体来说，信息传递教学模式主要涉及四个要素，即教师、教学内容、教学手段与教学媒介、学生。这四个要素相互作用、相辅相成，在教学活动中都有自己的作用和地位。

（一）教师

教师是教学过程的起源和初始点，尤其是在信息传递教学模式中，教师更是发挥着主导作用，是确保教学活动依据设定的目标和教学内容实施的基本条件。因此，无论是在哪一轮的教学活动中，教师都应该明确教学内容，对自己的专业应该达到精通的程度，并且要熟读教材。与此同时，对于学生的实际需求教师应该有一个准确的认识和把握，要处理好教材、教学策略以及学生等各个要素之间的关系，并且能够从自身实际出发发挥自身的特长。在信息传递教学模式中，教师的主要任务，就是把自己掌握的教学信息传递给学生，因此处于教学活动的主导和权威地位。

（二）信息

教学内容是教学的主要因素，因此教师必须选择与编排合理的教学内容，并且保证这些信息的可传递性。按照信息论的观点，信息必须经过变换才能够被更多的人接受。如果教师想要促使学生进行学习，那么就必须促使教学信息处于良好的组织和结构状态中，并且为了教学选择合适的教学内容，以便于学生理解的方式讲述这些信息。然后，教师要在多种教学工具的辅助下，重新加工与整理这些教学信息，将这些信息转变成文字、语言等形式，对此进行讲解与传授。

（三）教学手段

这是连接教师与学生的信息通道，是教师有效传递信息、学生有效接收信息、提高教学效率的基本保障，也是实现教学的工具。因此，教学手段是教育中的基本因素之一。在选择教学手段的时候，教师要考虑不同的教学内容所需要的教学手段，因为某些信息的形成是深受教学手段影响的。因此，在实际的教学中，教师采用哪种手段就显得至关重要。

（四）学生

学生是接收信息与解释信息的主体。新课改指出，学生才应该是学习的主体。学生只有积极、主动地参与到教学活动中，才能够促进信息的转化。因此，学生必须具备接受与加工信息的能力，必须能够利用学过的知识与自身的生活经验，通过教师对信息的各种变换，重新解析与掌握这些信息。如果学生学不好历史，那么便是信息的传输遇到了问题，教师所发出的各种信号无法被学生感知，所以导致信息中断。另外，教师要明白，如果想有效传递信息，就必须要保证信息能像教师最初期望的那样被获取，否则就不能算作是有效的教学。

第四节　初中历史情境复现式教学模式

一、情境复现教学模式

（一）情境复现教学模式的内涵

所谓情境复现教学模式，就是教师在开展教学活动的时候，以具体的学科特点与学生的认知水平为基础，通过多种教学手段来建构具体、生动的情境，给学生带来视觉、听觉等方面的感受。将情境复现教学模式引入初中历史教学活动中，就能够在历史和现实之间，建构起一个相互连通的桥梁，从而使学生扮演一个"历史人"的角色，亲自参与其中，提高和升华其认知与情感。综合来看，情境复现教学模式能够将学生智力、知识以及非智力等各方面因素组合起来，是一种相互促进和相互联系的全新教学理念。

对于初中历史课程而言，其中涉及的知识呈现出明显的既往性特征，因为都是人们在过去的时代和社会中，发生的实践活动的反映和体现，我们只能通过与之相关的事物进行间接认识与了解，无法亲身参与其中。因此，在开展初中历史教学活动的时候，学生很容易出现枯燥、单一等感受，对历史学习提不起兴趣。这个时候，情境复现教学模式的作用和价值就能够充分体现出来。在情境复现教学模式中，学生可以更加直观地感悟相应的历史知识，能够有效缩短历史与现实之间的时空距离。通过为学生建构教学情境，可以使学生仿佛亲身参与到当时的历史情境中，从而更加有效地激发初中生的历史学习兴趣，使学生能够更加深刻地认识和了解历史事件与历史人物等。在初中历史课堂教学实践中，教师导入情境复现教学模式的时候应该注意以下四个方面：

第一，历史情境必须与客观存在的历史史实一致，这也是利用这一模式必须满足的前提条件。如果创设出来的历史情境与真实历史不符，那么相应的课堂教学就必然是失败的。

第二，历史情境应该能够激发学生学习和掌握相关内容的欲望和兴趣。也就是说，教师在设定情境主题、选择支撑材料的时候，应该围绕具体的教学内容进行。如果主题与教学内容无关，那么无论情境再现多么真实、多么具有吸引力，对于本节课而言都是没有任何意义的。

第三，历史情境应该能够引导学生积极参与课堂教学活动中。新课程改革不断深入，教学理念也发生一定变化。在当前背景下，一个非常重要的教学理念，就是为学生建构科学合理的学习情境，引导其积极主动地参与其中，进行合作与探究学习。

第四，情境再现的时间应该紧凑，切忌过长。如果时间太长，就很容易淡化其他方面的教学内容。

（二）情境复现教学原则

1.情境适应原则

对于情境复现这一教学模式而言，所具备的一个突出要点就是为学生提供科学合理、形象直观的情境。夸美纽斯曾经说："可以为教师们定下一则金科玉律，在尽可能范围内，一切事物都应该尽量地放到感官跟前。"在将情境复现教学模式引入初中历史教学活动中的时候，表现出来的一个突出特点即合理利用各种教学手段和设备，将本节课内容中的历史事件、历史人物等生动形象地展示在学生眼前，以推动学生从整体情境的把握中，进行更加准确和深入的认知。具体而言，在初中历史教学活动中复现情境，必须符合学生的认知水平和发展需求，要将需要学生解决和认识的内容信息恰当地融入情境之中，使学生通过情境探究，自主获取信息。因此，历史情境必须要体现出适应性特征。首先，再现出来的历史情境必须能够将本节课的历史内容准确表现出来；其次，历史情境必须符合学生的认知特点与水平。只有这样，才能够激发出学生学习历史的兴趣，学生也才会主动适应历史情境，使智力活动保持在一个最佳状态，在历史情境中进行探究。鉴于此，教师在设置历史情境的时候，应该注意满足三个"度"，即情境信息具有满足一定的量度，设置的情境问题应该具有一定的难度、情景中的问题应该能够满足学生探究所需的深度。而想要顺利达到这一标准，教师就必须从具体的教学内容和学生的认知特点等出发，选择适当的材料来支持和建构历史情境。与此同时，应该有计划地逐步引导学生投入情境中去适应历史情境，进而更加积极地开展学习活动。

2. 情感激发原则

在实施情境复现教学模式的时候，非常关键的一点就是要采取适当的手段，使学生的情感充分融入教师创设的情境中，从而充分激发学生的情感，使学生能够达到移情的境界。在人们成长与发展的历程中，情感始终发挥着重要作用，是和人们意识紧密联系的重要内心体验，具有强烈的情境性、稳定性和长期性。对于学生而言，拥有的这种情感只能够利用具体史实激发和呈现出来，获得情感共鸣。而情境复现教学模式，通过为学生建构直观形象的历史情境，使其亲身参与其中进行体验，和历史人物一起思考、一起经历历史事件，从而在情景中产生共鸣。与此同时，科学合理的历史情境对于学生而言也是一种较好的学习心理环境，对于学生情感和潜能发展都具有较好的推动作用。

此外，教师在建构历史情境的时候，还应该尽力找到"启情点"，尽可能地强化情境中的情感因素。对于初中历史教学而言，教师应该完成的一个重要目标就是将学生积极的情感充分激发出来。情感作为一个具有重要价值的非智力因素，无论是对学生的学习来说还是人格塑造而言，都是具有重要作用的。

3. 情理统一原则

将情景再现教学模式引入初中历史教学活动的时候，遵循情理统一原则主要体现在两个方面。第一，建构和设置的历史情境，必须体现出一定的历史知识、概念以及规律，要能够展现出历史事实；学生在历史情境中通过问题探讨，应该能够对历史事实有一个基本的了解，要能够形成一定的历史概念，掌握历史知识与规律，推动学生认知结构顺利形成。第二，教师在引导学生进入历史情境体验历史的时候，应该能够使学生尽快进入角色，激发其高昂的情绪和历史认同感，使其能够对历史人物、历史事件等进行深入思考，从具体形象的感知中获得真挚情感，使学生的感性与理性获得统一。整个教学过程是一个和谐统一的过程，激发情感的过程并不是一个孤立的环节，是和认知发展、历史知识掌握等存在密切联系的。无论是学习原始动机还是具体活动，最终的效果都离不开学生的情感。而如果脱离历史事实，情感也会成为空中楼阁。在初中历史教学活动中，一旦形成积极情感，便能够在一定程度上推动学生的认知发展。

情境复现教学模式的主要任务可以分为两个，即激发情感与形成认知。从这一方面来看，情境、理智以及情感三者的和谐统一，正是这一教学活动所追求的一个最佳境界。学生认知水平越高，了解和掌握的历史知识就越多，就越能够激发出学生的积极情感。由此可见，情感和理智之间是辩证统一的关系，二者相辅相成、互为因果，存在着必然的内在联系。

二、组织教学的技巧

情境复现教学模式对于学生的观察能力、思维能力以及想象能力等都非常关注，是激发学生形成积极且丰富的情感因素的重要手段。教师在设计和组织教学活动的时候，整个过程中都应该在这一理念的指导下进行。

（一）复现情境

对历史情境进行复现，主要是在教学目标、教材许可程度以及学生认知水平等基础上完成的。通常意义上可以将其分为两种。第一种是实实在在、真实存在的情境，这种类型的情境主要是利用教学媒体进行创设的，一般包括实物媒体、光学媒体、音响媒体以及影视媒体等；第二种主要指的是虚拟情境，如根据历史事实、历史事件等进行角色扮演、设计舞台剧或者短戏剧等来建构历史情境。但是，无论是哪一种情境，主要目的都是将真实的历史面貌和事件呈现出来。而在具体的呈现与教学时，教师还需要依据学生的实际认知水平和教学内容，从教学实际出发进行设计和组织。

（二）观察想象

对于复现出来的历史事件，学生应该在教师的指导下，对其进行有目的和有层次的思考，在大脑中对新学习的知识和已经掌握的知识进行整合，从而将历史事件泛化地再现出来，和历史人物产生情感共鸣。如此多次反复以后，教师就可以引导学生对知识进行综合分析和推理判断，使学生能够对历史概念有一个更加深刻的认识和理解。例如，教师在引导学生评价北洋水师官兵在黄海战役中的表现的时候，就可以将其与海战以前清政府的行为、第二次鸦片战争、中法战争中清政府的政策等进行联系，对清政府的政治腐败、经济落后、军备废弛等有所了解，由此便可以知道，北洋水师败局已定。

（三）激发情感

情感的激发和观察想象是同步进行的。在情境复现教学模式中，学生扮演着历史参与者的角色，会在历史情境中与历史人物一起经历事件，共同思考。如果结果是积极且成功的，那么学生通常就会非常高兴，如果是失败的，他们就会和历史人物一样出现愤恨、郁郁不得志等情绪。因此在这一教学模式中，学生的情感能够比较轻易地被激发出来。此外，教师在进行历史课堂教学的时候，还可以通过情境创设来激发学生的情感，引导其积极主动地进行探究。

（四）情能转化

在将情境复现教学模式引入初中历史教学模式的过程中，复现情境是支持教学开展的基础条件，观察想象是实施的主要方法，激发情感是推动教学活动发展的重要动力，应该达成的一个重要目标即情能转化。所谓情能转化，主要指的是把学生在学习活动中获得的情感体验转化为智能发展，而要使其顺利完成，一个最基本和最有效的路径就是实际应用。一般而言，学生的智能发展会包括三个方面：第一是掌握，即学生对历史知识的学习和理解程度；第二是活动，即在一个新的历史情境中学生能够利用的知识，也就是我们所说的"学以致用"；第三是创造，即学生参与到新的历史情境中，在应用自己掌握的知识的时候应该具备一定的创新精神。

三、情境复现教学模式在历史课堂中的研究及运用

（一）创设情景复现，走进历史——激发学生学习的兴趣，培养"大历史"观念

1. 物具情境复现

对于历史教学活动而言，其中的物具主要就是指那些遗留下来的、具有历史价值和教育价值的物品，如古代钱币和用品等。此外，如一些历史人物的模型、历史文物赝品等也都属于物具的范畴。而学生在学习和掌握历史知识的时候，往往需要在自己的脑海中建构出与历史人物、事件等相似且比较稳固的形象。因此，教师在历史教学情境建构的时候，应该将物具的作用充分发挥出来，给学生创设出一个生动形象的物具情境，在对其展示的同时配以权威性讲述，如此不仅能够使教学活动更加真实、形象和生动，强化学生的记忆和认知，而且能够有效激发学生学习的兴趣，推动其主动参与到情境问题探究活动中并去发现新事物、提出新观点。例如，教师在为学生讲授有关毛泽东的历史知识的时候，便可以创设物具情境来激发其学习积极性，调动学生想要了解伟人的兴趣和欲望，进而拓宽其视野，发散其思维。在课堂教学活动中，教师可

以事先收集不同时期的毛泽东纪念章在课堂上展示，对于这些多种质地和多样形式且具有一定历史意义的纪念章，学生往往能够表现出较大的兴趣，之后教师便可以选择纪念章背景体现出的地点作为切入点。例如，背景为浙江嘉兴南湖的纪念章，代表着中国共产党诞生；背景为井冈山的纪念章，则象征着中国革命的新起点；背景为遵义会议的纪念章表明中国共产党经历了一场生死攸关的转折，等等。在这一物具情境当中，再配合与其密切相关的语言和其他形式的描述，学生往往能够产生身临其境之感，仿佛自己便身处于那个动荡的时代，进而激发其思维拓展，推动其形成自己的独到见解。这种物具情境的创设，使学生理解历史更形象、更深刻。

2. 影视教学情境复现

随着信息技术的不断发展，现代化多媒体教学技术的应用越来越广泛，如幻灯片、电影甚至电视等诸多媒介，都作为教学手段被广泛应用于课堂教学活动中，推动了教学活动的顺利开展。相较于传统教学手段，这些现代化教学手段，能够更加形象直观地将历史事件、任务以及历史物品等复现出来，更具趣味性，能够引导学生将注意力集中于此，从而充分调动其学习积极性和主动性。此外，这些现代化教学手段还能够将教学内容以更加多样化的形式呈现给学生，并为其带来多种感官刺激，将原本抽象晦涩的内容变得更为形象有趣。例如，教师在讲述第二次世界大战中的敦刻尔克大撤退相关内容和知识点的时候，由于学生并没有亲身参与战争的经历，因此对战争的感性经验非常匮乏，教师如果单纯地进行文字介绍就很容易导致历史课枯燥沉闷。这个时候，教师就可以选择先播放相关的电影片段，让学生自己去感受，随后配上语言讲述，就能够给学生带来深刻印象，使学生能够更加深刻地认识这一战役的重要性和战争的残酷。影视情境能够将过去的历史事件形象生动地复现出来，从而为学生历史学习提供更多感性材料，能够帮助学生加深对知识的理解，有利于素质的提升和智能的发展。此外，教师还应该鼓励学生自己收集与历史内容相关的电影片段等资源，为下一节课堂教学做好准备。与此同时，影视教学对于学生的创新能力提升也有帮助，能够为学生提供较多的创新机会，通过情境创设锻炼和发展学生的创新能力。

3. 模拟角色情境复现

在初中历史课堂教学活动中进行模拟角色情境复现，能够有效增强学生的主体性和参与性。在课堂教学中引导学生模拟历史事件，能够充分调动学生对于本节课内容的学习兴趣，从而使学生积极主动地参与其中。此外，在角色扮演的过程中，学生往往会表现出非常高昂的情绪，对整个学习过程都能够起到一个渲染的作用。在这种课堂氛围中，不仅角色扮演者能够快速进入其中，甚至整个班级的学生都能够在不知不觉中找到自己的角色定位，从而更加强烈和深刻地感受历史人物的心理活动历程。这个过程实际上就是学生通过一次又一次的创新，最终获得升华的整个过程。在模拟角色情境复现的整个过程中，不仅学生的个人能力得到有效锻炼，其心灵往往也会受到震撼，潜力也能够得到一定的激发和释放。

4. 现场情境复现

传统教学活动的开展通常都是以教材为主，从书本出发，最后又回归书本，使得课堂教学活动很容易带给学生呆板或者抽象等印象，导致学生无法做到"耳闻目睹"。而通过现场情境复现，学生往往能够如有所见或者如有所感。如虽然很多历史遗址、遗迹等在较长时期的历史进程和发展中受到各种破坏而显得残缺不全，但是毕竟是某个历史阶段中留下的遗物，能够反映出那个阶段的特征和社会现实。因此，这些历史遗址、遗物等都能够为我们更加准确和清楚地了解前人的历史活动提供参考和依据。基于这一认识，教师便可以在历史课堂教学中将这些历史资源和教材的主要内容充分整合，从而为学生创设一个更加高效的现场情景教学。

（二）讨论阐释，探究历史——发挥学生主体作用，培养学生的探究能力

1. 地图情境复现，再现历史发展轨迹

地图是给学生直观地阐明历史过程中的联系所必需的有力工具。认识地图，不仅是知道它的点线符号、象征意义，如城市、边界、河流等，而且要从这一符号中看到活生生的历史事实以及经济、社会、政治和文化的复杂关系。由于新教材中增加了许多观察地图的内容，让学生通过自主学习，去发现其中隐含的更多的历史信息。

2. 运用假设想象情境，拓展思维发展空间

在课堂教学中，设置一种假想的历史情境，要求学生在此历史情境中自主地用学过的知识判断此情境的真实性，让学生展开想象的翅膀去体验历史，考查或培养学生对知识灵活运用的能力。比如，在探究完《清明上河图》后，可以给学生留下假设情境题："假如你是一名北宋时代的少年，跟随父亲到汴京游玩，晚上要写封家书，给远方的妈妈报'平安'，并把白天的见闻讲给妈妈听，你该怎样写呢？"通过想象情境的设置，学生可以依据自己的生活经验和历史知识，更加形象生动地再现历史场景，拓展了他们的思维发展空间，使其想象力和创造力得到最大限度的发挥。

3. 情境体验呈现，实现历史与现实交融

历史是凝固的现实，现实是活化的历史，这便决定了历史学习是一个间接体验历史的过程。因此在教学中，从培养学生感知历史的兴趣和方法入手，引导学生学会设身处地地进行历史想象与体验，以加深他们对历史现象和历史人物的理解。如在讲"雕版印刷"相关内容时，可以让学生带来橡皮泥、牙签、红印泥和白纸。在上课时，先让他们自学完这段内容，然后模仿古人进行刻字印刷。在情境体验中，有的同学提出："老师，我印出来的字为什么是反字？"这时教师应该因势利导，发动大家帮他解决这一难题。大家经过反复地实验，最后得出结论：先把正字重重写在纸上，再把纸翻过来，照着反字的样子刻下来就行了。通过这种情境体验，既让学生在游戏中学到了课本中学不到的内容，又培养了学生发现问题、解决问题的能力和在实践中创新的精神。

第五节　初中历史资料研习式教学模式

一、资料研习教学模式的内涵

资料研习教学模式是以学生对历史材料进行研究为主要途径与特点，它的理论基础就是将教学过程当作学生直接参与发现的过程，这就代表只有学生亲自动手、动脑、动口，才能够有效获取信息，掌握必要的技能与方法，才能不断积累学习经验，从而综合提高他们的学习素养。

历史信息主要是以文字资料为载体与媒介的，学生对历史资料的整理、辨析、判断、推理等都是他们学习历史信息的基本方法，学生对历史的认识也是建立在理解与运用历史资料的基础之上的。在初中历史课堂中应用这种教学模式的目的，主要是让初中生学会如何使用历史资料。一般来说，资料研习教学模式可以分为以下几个教学程序：第一，确定主题，提出问题；第二，提出假设，搜集材料；第三，辨析材料，质疑验证；第四，得出结论，总结提高。

二、资料研习教学模式在初中历史课堂中的应用

一般来说，在初中历史课堂中应用资料研习教学模式的基本策略主要包括以下几个方面：

第一，资料研习要围绕历史教学中的重要问题。

第二，要选择一些有代表性的、比较典型的历史资料。材料的内容可以相互冲突，但要保证数量的充足性。

第三，教师可以指导初中生阅读材料和分析材料，但是要采取开放的、民主的教学态度，并在研习过程中体现出以生为本的教学理念。

第四，鼓励学生对材料大胆提出质疑，并且要综合比较、运用历史材料。

第五，虽然得出结论十分重要，但更为重要的是学生是否能够掌握探究的方法与途径，使学生能够将材料当作解释历史的合理证据。

第六，教师要注意引导学生将研习资料与建构知识体系结合在一起。在这些教学策略中，最基础的步骤便是收集、编辑历史材料。在实际的教学中，教师可以主动为学生提供资料，同时也可以让学生通过多种渠道进行自我收集。在资料研习教学模式下，师生之间是平等的，教师所发挥的作用是指导和促进，是为了帮助学生克服研习中的困难，而非代替学生的思考与探究活动。当前初中历史学科中的研究性学习基本采用的便是资料研习教学模式。

第六节　初中历史社会考察式教学模式

一、社会考察教学模式的内涵

所谓社会考察，就是人们在一定的计划和目的条件下，对社会现象进行考察研究，从而认识和掌握社会生活所具备的本质与客观规律。实际上，从我国历史发展来看，在很早时候就已经有通过社会考察进行历史研习的实践活动了。如汉代司马迁在撰写《史记》的时候，很多内容就是通过走访各地长者获取资料完成的，调查的内容包括地理、民族风俗、遗址遗迹考察等诸多方面，然后将通过考察获得的资料和记载下来的文字史料进行对比和分析，撰写完成了《史记》这一著作。也正是因为司马迁具备这样一种严谨的态度，才造就了《史记》的文学地位。同样，在20世纪五六十年代的时候，我国的历史学家在对太平天国、辛亥革命等著名的历史事件进行深入研究的时候，也经常性地通过社会考察这一方法收集相关资料。哥伦比亚大学的罗纳德·格里教授认为，社会考察是一种具有重大意义和价值、令世人注目的道德历史研究手段。近些年来，人们不仅在搜集重要的历史资料和进行历史研究的时候会用到社会考察这一方法，而且在历史课堂教学活动中也作为一种比较新颖的手段开始应用。随着时代的不断向前推移，学生和历史之间的距离逐渐被拉大，初中阶段的学生对于历史知识的学习和掌握正在减退，这已经成为一个不得不关注的事实。针对这一现状，美国近些年颁布的课程标准中便提出了一些可行性较高的建议，其中比较有效且受人欢迎的一个，当属让学生对社区中的老人进行访谈来了解和掌握历史知识。英国学者巴格通过相应研究和分析发现，相较于历史全貌，学生往往对于历史事件的具体细节抱有更大的兴趣和欲望，很多学生表示，通过这种口述访谈的手段来搜集和掌握相关的历史资料，是非常有用且具有重要价值的，相较于传统教学活动中被动地接受历史知识，这种亲身访谈能够给他们带来更大的满足感。这一观点在我国香港地区的具体研究中也得到证实。在香港新界的一所中学里面，教师为了让学生更加全面和深刻地掌握历史知识、理解历史意义，获得更强烈的感受，在课堂教学活动中就会给学生布置一些开放性的课外习题，如向家中长辈询问他们在日本侵占期间的生活是什么样子，并将其感受最为深刻的事情记录下来。由于通过这种方法学生能够更加清楚地了解到自己家人的想法和以往的生活，因此受到众多学生的欢迎。而且事后对这一活动进行的调研结果也表明，很多学生对于历史学习的兴趣都获得了明显提升。

在20世纪五十年代的时候，我国的历史教学大纲就设置了部分需要通过社会考察完成的内容。在1978年颁布的《全日制十年制学校初中历史教学大纲》中更是明确表示，学生应该以自己需要学习的历史教学内容为线索和条件进行参观、探访或者社会调查等活动。随着新课程改革的不断深入，在新制定的历史教学大纲与课程标准中，都对社会考察进行了更为明确的规定，甚至已经将其归入历史学科中基本教学内容的范畴，充分体现社会考察的重要价值。

在将社会考察教学模式应用到初中历史教学活动中的时候，主要是通过与校外调查研究有机结合来实施和开展的，其基本理论贴近社会生活与实际，提倡将理论与实践进行结合，将教材中的理论知识与学生的实际生活相结合，从而使学生通过社会考察获取和掌握有效知识信息。在初中历史教学活动中，采用社会考察教学模式的主要目的，是让学生通过这一手段获得更加直观的学习材料，获得更加真实的感受。社会考察教学模式的开展形式是非常多样的，如实际考察、走访群众、社会调研等都是这一模式的重要体现。一般来说，社会考察教学模式的开展会包括以下几个程序：第一，确定主题，提出任务；第二，制定方案，明确分工；第三，选择场所，实地实施；第四，搜集信息，加工整理；第五，形成成果，交流总结。

历史究竟是什么？实际上，过去发生的事件或者存在的事物等遗留下来的诸多信息，都可以称得上是历史，不仅内容十分丰富，涉及面也是非常广泛的。因此，单纯依靠历史教材是无法将其全面展现的，很多相关资料是存在于历史教材之外的。从这一认识来看，在学习历史的时候冲破课堂的束缚非常重要。引导学生通过社会考察这一手段获取知识，能够有效锻炼和提升学生的信息搜集能力、社会交往能力以及实践能力等。具体而言，在初中历史教学中引入社会考察教学模式具备以下几个方面的优势：第一，能够改变传统教学活动中静态单一的历史教学风貌，能够给历史课堂带来更加丰富的动态化教学内容，使课堂教学活动充满活力；第二，社会考察教学模式能够更加强烈地体现出历史的个性化特征，也能够使历史更加真实直观地呈现出来，如此便有利于学生在社会实践中得到一种更加深层次和复杂化的情感体验，有利于学生将自身经历与国家大事进行联系，从而推动其树立正确的价值取向；第三，社会考察教学模式能够打破课堂教学与社会之间的割裂局面，将课内外教学活动进行有效结合，使教材教学和社会实践教学统一协调。与此同时，这一教学模式也能够推动教学相长，在提升初中学生历史素养方面发挥重要作用。

二、初中历史社会考察教学模式中的内容

（一）家庭史

一直以来，家庭都被认为是社会的一个缩影。而且在近些年，尤其是新课程改革背景下，家庭史更是成为历史学科中发展非常迅速的一个内容。如今很多历史学家都能够以一个区域中的个人或者家庭经历为切入点，对当时的社会结构与特征等进行推测，并得出一个可靠的有关这一时期整个社会的行为方式和价值观念。例如，熊月之在《口述史的价值》中表示，上海史学界的诸多学者在对上海移民史进行研究的时候，便会将生活在这一城市中的普通民众作为访谈对象来进行调研与访谈，内容涉及人们迁移的时间、原因、交通工具、人们经济收入的主要来源、家庭人口变动状况、风俗习惯变化等诸多内容。他这样写道："访谈记录大大丰富了上海移民历史的内涵，深化了对许多历史问题的了解。"因此，在利用社会考察教学模式开展初中历史教学活动的时候，教师也可以让学生对自己的家庭经历、人口变化等进行调查和了解，并将其记录下来转化为文字资料。在这种教学模式中，历史内容和教学活动都不再死板单调，学生能够在活动中获得情感丰富的体验，不仅能够使学生更加深入地了解自己家庭的过去，而且能够强化其与家人之间的沟通交流。

（二）社区史

从诸多的历史著作与历史研究活动中可以看到，社区概念在其中的作用和价值越来越突出。例如，美国有一些历史学家曾经就通过对殖民地的社会制

度、价值观念、政治经济状况等进行研究，分析美国的社会性质及其民族性格。因此，对社区史进行必要研究已经成为历史学中人们深刻、全面认识社会的一种重要且有效的途径。在开展初中历史教学实践活动的时候，教师可以安排和组织学生走访社区，拜访在社区生活时间较长的居民，从而更加全面地了解社区的发展和变迁。不仅如此，通过这一活动还可以使"学生对社区、社会、种族及其相互关系的历史渊源和未来走向有历史性的认识，使学生感受社会和谐的重要性"。

在进行社区史考察的时候，除了可以让学生依据本区域内的文史开展社会调查，历史教师还可以组织学生对相关的社区产业发展，进行适当的调查与研究。例如，教师可以对学生进行分组，安排小组对城镇的主要街区进行实地调查。在这一过程中，学生通过相互合作，往往能够发现一些具有一定研究价值的历史资源。再如，教师还可以依据特定的条件，对本区域内商业区的分布进行合理划分，然后让班级中每一个小组选择一个职业，并由其自己去联系和寻找特定的访谈对象。具体的访谈内容应该涉及如下一些方面，如"您是什么时候开始进入这一行业""什么原因使得您选择这一行业""至今遇到过那些困难"等。通过这种形式，学生能够更加清晰地了解本区域经济的发展历程，能够更加广泛地接触社会，并且可以从这些成功人士的经历中获得课堂教学和教材无法提供的宝贵财富，对于学生的成长和发展有积极的推动作用。

除此以外，教师还可以组织学生针对本区域内的古建筑、古树等进行访谈，了解其背后蕴含的历史意义，感受区域历史文化，习得历史知识。学生通过亲身考察与探访，直观地发现这些寻常事物背后所蕴含的历史意义，更能够将其对本区域的热爱之情激发出来。

（三）学校史

从学校史本质属性来看，其自身便是历史学内容的一个重要组成部分。而对于学生来说，学校史往往是一种能够带来鲜活体验与经历的历史。从学校史的内涵来看，这所学校在发展过程中所经历的方方面面均属于学校史的范畴，如学校建立的时间、学校的机构设置、学校的教师和学生、学校的特色管理，等等。

在对学校史进行考察和调研的时候，一般都是将在学校任教时间较长的教师或者从学校毕业的校友为对象，即我们通常理解的"资源人物"。而访谈的主要内容一般是某个历史阶段中学校的建筑情况、服装特色等方面，学生可以和这些"资源人物"直接进行互动和沟通，并将他们提供的信息以文字的形式记录下来。此外，教师和学生还可以邀请这些"资源人物"来学校参观，通过校园的变化来激发他们的记忆和认识，使他们能够提供更加丰富、更加详细、更加清楚的资料与说明。

此外，对学校史进行考察也能够激发学生的好奇心和兴趣，使其能够以更大的乐趣投入到对学校历史的发掘中。有些学校具有较长的历史，不仅在校门处能够看到具有历史痕迹的校名和题字，在学校建筑建设完成的时候也常常会立碑。这些资源都是学校历史的典型代表，教师和"资源人物"都可以以此为主线和线索，将学校的建设和发展历程介绍给学生，使学生对学校发展脉络有一个更加清楚的认识。校史陈列室也是展现和保存学校史料的一个重要机构。一般来说，学校的变革、学校的老照片、校友的介绍以及学校的成就等都会被保存在里面，通过观看这些史料，学生也能够更加直观和深刻地了解学校的历史演变。

（四）访问亲历者或知情人

访问亲历者或知情人，即对直接参与到这一历史事件中，或者亲眼见证这一历史事件产生，或者其他一些对历史事件有充分了解的人员进行调查和访谈，这在史学研究中是一种具有重要地位和价值的方法。受其条件限制，在近代史研究中使用比较广泛。从整个人类历史进程来看，其活动是非常复杂且繁多的，无论档案记载多么丰富和详细，往往也只能记载下来真实历史中的一小部分，人们生产生活的经历和见闻等是无法完全记录下来的。此外，由于我国经历了很长一段时间的封建社会，因此文献记载的重点大多都集中在统治阶级以及部分社会精英的活动，对于普通民众和底层民众的生产生活记录很少。而针对亲历者或者知情人进行访谈和询问便能够有效弥补文献记载存在的不足。因此，很多历史研究人员都非常重视这一社会考察手段。例如，在20世纪50年代的时候，唐德刚就有计划、有目的地对李宗仁、陈立夫、顾维钧等人进行访谈，并获得了很多珍贵的、直接性的历史资料。而美国在历史研究方面有一个非常著名的项目，叫作"奶奶，你在战争中做什么"。这一项目的开展主要就是对亲身经历过第二次世界大战的普通士兵和民众进行调查访问，将其对战争的感受完整而真实地记录下来。

近些年来，历史教学实践活动中也逐渐发现访问亲历者或知情人这一研究手段的身影。如1999年，我国香港地区就有一些历史研究人员和三所初中的历史教学展开合作，以"历史双城记：城寨与香港"为主题，设计了一个社会考察活动，主要目的就是使学生认识到拥有百年历史但在20世纪80年代被拆除的九龙寨城的历史面貌。有一些学生在朋友或者家人的帮助下，对曾经在九龙寨城居住超过30年的一位女士进行了访问，并提出了一些问题，如是否害怕被骚扰、城内居民的文化水平是不是低于城外居民。而让人比较意外的是，这位女士一直强调九龙寨城居民都具有很强的团结互助精神。通过这一实际的调查，学生能够更加全面地认识和了解九龙寨城的历史面貌，并且能够学会从多个角度思考与看待问题。

（五）历史考察

所谓历史考察，就是对历史遗迹、遗址、遗产等进行考察，搜集与历史事件或者任务有关的故事、歌谣等资料。在历史研究的开展中，很多历史遗产、事件文字记录等都能够为研究人员提供具有较高价值的材料。例如，学生如果对明清时期的徽商抱有较大的兴趣，那么想要真正了解其历史，就需要到皖南地区进行实地考察和调研，了解当地的风俗习惯、价值观念、环境特点、家族传承等，但是需要注意区别旅游、考古和历史考察之间的不同。总的来说，旅游的主要目的是休息；而历史考察主要是对历史遗迹、遗产等事物进行研究调查，从而获取自己所需的历史知识，是一种学习研究活动；而考古主要是对新发现的历史遗迹、遗址等进行科学发现与考察，主要是收集更多、更具价值的历史事实资料来更好地感知历史。

在初中历史课堂教学活动中，教师应该尽可能地为学生提供更多有利条件，使其能够尽可能方便和有效地接触历史教材与历史遗产，并且要遵循因地制宜的原则，将本地区所拥有的历史资源的教学价值充分体现出来。例如，上海的初中历史教师在给学生讲授近代史中的租界问题时，便可以安排学生对上海外滩那些保存比较完好的近代欧洲风格的建筑群进行实地考察；天津的初中历史教师在教授第二次鸦片战争相关知识的时候，便可以组织学生实地考察大沽口炮台遗址。此外，如果条件允许，在组织学生考察历史遗产的时候，教师还可以邀请这一领域比较权威的专家跟随，为学生更加深入地讲解遗产所呈现的历史风貌和意义，学生在参观的时候可以通过文字、图片或者拍照记录下来。在考察完成之后，教师应该要求学生撰写自己的心得体会，但是尽量不要限制形式，学生可以通过自己擅长的方式如文字、图画等进行展现。除了上述历史遗产之外，民间流传较为广泛的传说、历史歌谣等也具有一定历史价值。这些民间传说和歌谣都是源于民间人们的实际生活，能够在很大程度上直接反映出普通劳动人民对历史的真实看法，而且一般通俗易懂、朗朗上口，常常能够更加生动形象地展现出历史的真实面貌，也有利于学生历史兴趣的有效激发与调动。因此，在历史考察的过程中，教师也应该注意历史价值，要引导学生主动收集和学习这些民间传说和历史歌谣。但是需要注意，无论是传说故事还是歌谣，都是由人编撰的，因此并不全是真实可靠的，需要教师和学生仔细甄别和筛选。具体来说，在坚定其真实性的时候，教学和学生应该将其与当时的历史真实条件进行结合对比，查看其内容是否符合实际，同时还要与相关的文献资料进行对比，依据真实的历史背景来辨别内容真伪。

三、社会考察教学模式在初中历史课堂中的应用

在基础教育改革的进程中，始终遵循的一个基本方向就是逐步改变以教师、教材以及课堂为中心的教学现状，应该提倡通过多种教学手段来更好地实现教学目标。而对于历史课程教学而言，"进行历史方面的社会调查""采访历史见证人"等体验性活动已成为基本的教学内容。但是受应试教育中传统陈旧教学理念的影响，社会考察在初中历史教学中的应用缺乏经验，很多教师在实际应用的时候还会出现很多问题，这个时候就需要教师从调查前、调查中以及调查后等各个阶段思考。

（一）调查前

1. 掌握背景资料

在实施社会考察前，教师必须对其有充分了解，要充分认识其价值、作用以及常用手段和方法等基础内容。考察对象一旦明确下来，教师就需要帮助和引导学生搜集相应的社会背景资料、考察对象的经历等信息，使学生能够更加深刻地唤醒考察对象对某个历史事件的回忆。

2. 合理分工

在社会考察时，教师必须依据实际的考察内容来对学生进行合理分工。例如，对自己家庭成员或者亲戚的访谈，只需要学生自己去完成即可；如果

涉及社会层面一些比较复杂的活动，就需要安排多名学生组成小组，团结协作来完成考察任务，并且在最终提交作业时应该标明哪位学生负责了哪部分内容。

3. 确定访谈内容

访谈和所谓的"侃大山""天马行空思维"等有本质差别，因此必须避免那些较为离谱和跳脱的问题出现，在访谈过程中，必须有效把握住访谈的焦点和时间。在社会考察以前，教师和学生都应该对考察主题进行确定，以此为主线来设置访谈问题，拟定访谈提纲，如此才能够在访谈的时候对重点内容做到心中有数。在分析问题的时候，还应该确保问题具有一定的开放性，如此才能够激发访谈对象讲述的欲望，从而收获更好的访谈效果。

4. 邀请访问对象

初中学生年纪比较小，而且也不是专业的采访人员，因此很容易出现各种问题。这个时候，就需要教师先和访谈对象进行适当沟通，提前告知其访谈的主要目的，之后再让学生根据计划展开访谈。在一些特定情况下，教师还可以亲自带学生拜访访谈对象。而在邀请访谈对象的时候，可以让学生亲自上门拜访，也可以直接邀请其来教室接受采访。无论是哪一种方式，都需要注意明确具体的时间、地点和考察主题，以便让访谈对象做好准备。

5. 建立良好的互动关系

有一位非常擅长历史调查的专家曾经指出，在对别人进行采访和考察的时候，要始终保持一颗敬畏之心，恭敬地向别人虚心请教。在历史考察中，很多受访者年纪都是比较大的，记忆力已经退化，很多时候讲话也是缺乏逻辑性的，有时候甚至会出现张冠李戴的情况。这个时候调查人员必须保持镇定，切忌急躁和慌乱，可以通过商量和探讨等手段引导受访者回到原来的主题上面。对于初中学生而言，在社会访谈过程中更是应该这样，不但态度要恭敬，而且交往礼仪也应该恰当，要让受访者有被尊重的感受。此外，在访谈的过程中很可能会出现一些生成性问题，这些往往都是谈话时即兴形成的，因为良好的互动会让受访者畅所欲言，而非有所保留。

6. 模拟演练

在访谈过程中，由于学生和受访者都已经提前对相关知识有所了解，如果只是针对准备好的问题进行提问，双方互动都会比较无趣。因此，教师可以实现安排学生进行模拟演练。例如，教师可以安排学生进行角色扮演，找学生分别扮演采访者和受访者，使学生更好地把握自己的访谈内容和问题，并对其进行适当调整，如此才能够帮助学生在正式调查中灵活应对。

（二）调查中

1. 引导谈话

在实际的调查过程中，学生应该按照事先设置好的问题来开展访谈活动，一步一步地引导受访者根据主题发言。但是"计划赶不上变化"，在实际的调查活动中，总是会不可避免地出现受访者不配合，或者不理解问题等突发状况。面对这种情况，学生切忌打断或者限制受访者发言，而是应该慢慢引导其回到主题。此外，在访谈过程中，学生如果发现受访者出现明显错误，切忌直接指出或者斥责，而是应该稍加提醒或者在相应的位置进行标注和解释。

2. 记录内容

对于访谈活动来说，一般都是需要"有闻必录"，因此访谈活动中一般都需要录音设备参与其中。在访谈过程中，面对一些专有名词或者不够清楚的历史内容，学生应该请受访者对其进行解释和说明，并且记录下来，以便后期更好地进行讨论和整理。如果条件允许，访谈的时候学生还可以准备摄像机等设备，对整个访谈过程进行实时拍摄记录，并将一些具有历史价值的物品记录下来，使"声、像、文"相互结合，使历史更加具体化。

（三）调查后

1. 整理资料

访谈结束后，学生即可进行资料整理与核实，然后进行适当的整合加工，将其转化为文字资料。在资料整理过程中，师生可以邀请受访者进行检查，以确保资料准确无误。

2. 全班研讨

利用社会考察、访谈等手段进行资料搜集虽然非常重要，但鉴定和诠释历史资料这一步骤更为重要。在初中历史课堂教学中，教师可以组织学生围绕访谈资料进行讨论。例如，引导学生对访谈内容、文献资料以及教材内容等进行对比，看看哪部分内容更加真实可靠、哪部分内容存在比较明显的历史错误、哪部分内容观点比较不同，然后引导学生在小组内对导致这一情况的原因进行讨论。

3. 成果评价

在全班研讨完成后，教师还需要指导学生撰写调查报告，并且将过程中需要注意的问题，以及需要突出的重点向学生介绍清楚。报告的主要内容应该涉及小组成员的具体分工、访谈活动的心得体会以及主要成果等。教师在评价学生报告的时候，可以依据以下标准：学生是否提出了一些具有误导性的问题？学生与受访者之间的互动怎么样？学生搜集的资料是否足够可靠？采访内容是否能够与其他的文献资料进行相互补充与配合？学生的历史考察结果可以被看作是历史成绩的一个评价内容，教师还可以在橱窗内展示与公布优秀的学生作品，或者将其刊登在学校的刊物中。

总体来说，社会考察教学模式是一种十分创新的教学模式，教师、学生、受访者是影响这种教学模式实施质量的重要因素。因此，教师需要认真准备与指导，促使社会考察教学模式不断达到预期的效果。

第四章

基于现代技术的
初中历史教学模式

第一节　基于互联网+微课教学模式的研究

一、微课概述

（一）微课的定义

微课，通常也被称为微课程，是近些年在教育界新兴起的一种教学模式，以视频短小精练、方便观看和学习而广受关注与欢迎，称为教育界广泛讨论的一个热点话题。随着教育领域对其理论和实践操作的研究不断深化，微课的内涵也在不断得到丰富。但是，由于微课是信息时代依托于网络信息技术形成的，发展时间较短，还处于探索与完善的过程中，因此还缺少一个统一的概念和界定。从当前微课发展状况来看，教育行政部门、教育研究者以及相关的教育企业对微课的界定和理解，都呈现出不同重点和主旨。具体来看，对于微课是什么，主要有以下几项比较权威的认识。

2011年，胡铁生从区域教育信息资源的发展出发，首次对微课进行了界定，他认为，所谓微课，就是微型教学视频课例的简称，是依据新课程标准和具体的教学实践要求，通过适当时间的教学视频，将本节课的教学主题和重难点内容展示出来，是教学活动中针对特定知识点或者内容，将各种教学资源进行有机结合。

华南师范大学焦建利认为，微课是利用短小精悍的教学视频来呈现和展示课堂活动中的某一个知识点的教学手段，其主要目的即推动教学质量提升。

南京师范大学张一春教授认为，所谓微课，即为了帮助学习者通过自主探究，来获得更好的教学效果而精心设计的信息化教学活动。与传统教学模式不同，微课在针对知识点和教学环节进行呈现和展示的时候，主要是通过多媒体完成的，而且具有时间短、内容完整的特征。从张一春教授的界定来看，自主学习为其主要形式，推动教学活动获得更好的效果是其主要目的，科学合理的信息化教学设计是其开展的重要依托，多媒体是其主要的技术支持条件，而教学内容为某个知识点或者重点教学环节。

除此以外，上海师范大学教授黎加厚也指出，所谓微课就是知识展示时间在10分钟之内，教学目标清晰明确，教学内容简短精练，集中内容阐述特定教学问题和知识的视频课程。

综上所述，笔者认为，微课就是教师根据学生的实际需求和课堂教学的主要目标而选取重难点知识，并通过短小精悍的教学视频呈现给学生，从而获得更好的教学效果，其主要特点即目标明确、针对性强、短小精悍。对于初中历史课堂微课而言，简单来说就是在初中历史课堂教学实践中使用的教学视频文件，视频中的主要内容，常常体现出由小到大、以小见大等特征。一般来说，教师在进行微课教学的时候，都需要依据具体的教学内容和目标来设定微课时间，通常是几分钟即可，有些长一些的视频可能会控制在10分钟左右，如此有利于学生将自己的注意力更好地集中到教学内容上面。

但是，在利用微课开展教学活动的时候需要注意，微课的制作模式并没有一个固定的模板，通常都是围绕一个比较典型的问题和重点知识来开展的；微课教学也没有强制性和死板的操作流程，教师在实施教学的时候，可以依据教学内容和学生的需求等个性化开展，如此有利于激发学生的学习兴趣，集中其注意力。一般来说，微课展示过程中涉及的问题，都是在教师的具体实践过程中产生的，而不是为了获得研究结果的理论意义，从实践中去研究问题，再应用到实践教学中去检验，从而实现优化教学效率的目的。

（二）微课的特征

1. 教学功能强大并突出

随着信息技术的不断更新与发展，网络资源越来越丰富，人们获取的方式也越来越多样化、越来越便捷，这也使得微课的教学功能越来越突出。而在高水平的信息化数字技术的支持下，微课的制作成本也逐渐降低，制作技术越来越成熟，传播范围也越来越广泛。在这一发展趋势下，学习者和制作者之间的活动交流也越来越方便和快捷。

2. 教学内容少而精

从黎加厚教授提出的"十分钟法则"来看，在课堂教学活动中，初中生注意力最为集中的时间一般就是10分钟以内。在这一时间段中，学生的学习效率往往也是最高的。而一旦超出这个时间，学生就很容易出现散漫和倦怠等感觉，注意力便会随之不断降低。利用微课开展教学活动，主要是以教学内容当中的一个典型知识点为主题展开的，其时间主要是由微课的教学内容决定的，因此一般来说，微课讲授时间最好控制在10分钟以内。

3. 教学目标明确可控

受时间和内容影响，一段微课教学活动，往往只会针对某一个或者两个典型内容进行阐述，而且能够将这一知识内容合理呈现出来便称得上成功，因此，其课程体系相较于其他教学模式而言是较为简单的，教学目标也是非常明确清晰的，再加上呈现的是特定知识，面对的是特定目标人群，因此通常能够将知识点或者典型内容更加突出地展现出来。

（三）微课的设计原则

受时间限制，在将微课引入初中历史课堂教学活动中的时候，通常都是将其与传统课堂教学活动进行结合。因此，教师在制作和设计微课教学的时候，必须对传统教学目标、教学手段以及教学内容和任务等进行综合考量。因此，在设计微课的时候，应该遵循以下原则：

1. 知识性原则

之所以要在初中历史课堂教学活动中导入微课模式，主要是因为微课具有便捷直观地传播知识和内容的优势。因此，在制作和设计微课的时候，必须从课堂标准和初中历史的教学目标出发，依据学生的实际情况，选择符合其认知结构和水平、学习规律和兴趣特征的内容。哈德·罗斯等人从神经生物学的角度也证明："越是微小学习单位和频繁的重复，越有利于大脑的学习。"因此，对于微课来说，必须在短小精悍之中继续求精，教学内容应该尽可能地专一、单一，围绕的主题和问题也应该讲清楚、讲透彻，使学生能够通过微课更加轻松和深刻地学习与掌握知识。

2. 系统性原则

微课设计需要遵循的系统性原则，实际上也就是整体性原则，即从整体角度出发，而不是分解为若干个个体看待微课。很多人都指出微课的碎片化教学特征非常明显，就是将完整系统化知识整体进行分割，从中挑选出典型的小知识点，然后以此为中心选择教学内容并制作成教学视频，每一个视频都代表着一个虽然单一但是比较完整的知识内容。这种做法简单来说，就是将完整知识体系，割裂成若干个零散单一的知识点来开展实施教学活动，不利于学生从整体层面，对历史的发展脉络和内容线索进行把握。因此，教师在设计微课的时候应该从系统化原则出发，要将每个微课呈现出来的知识点，置于整体化历史知识体系中进行认识，不仅要对初中历史教学活动的整体目标进行优化，而且要以之为基础将各个微课的小目标有效联系到一起，从而引导学生整体把握历史纵向发展脉络，推动其形成整体历史观。

3. 动态性原则

动态性原则即发展性原则，就是在微课的具体实践和应用过程中，对其进行动态监测，并对其成果进行必要的评价与反馈，从而推动其不断完善与发展。在课堂教学活动的实施中，教学对象都是处于动态发展中的生物体，因此学情也是处于不断变化的过程中的。与之相应，同一个微课并不能满足所有班级学生的需求，因此制作和设计完成一节微课并不代表结束，教师还应该从学生的知识水平和认知特点出发，选择差异化教学手段，如此才能够将微课的最大价值体现出来。而想要真正完成这一点，教师不仅要对教材进行更加深入的研究，而且应该对学生特点进行更加准确的把握和认识，并且应该学习和掌握更多有效的教学手段。除此以外，教师应该从整体出发，系统地把握教材架构与重点难点内容，对于不同学生之间存在的差异化特征应该有足够的认识，以此为参考和条件来制作与设计微课，并且在设计和应用的时候，应该根据实际情况进行适当的调整和创新。

微课自身所具备的动态发展特征，客观上使得微课制作与设计，成为必须综合考量、反复调整和不断完善的过程。因此，教师在制作和设计微课的时候，一定要始终保持动态发展思维，根据教学理论和实践的变化，适当调整自己的教学理念，并且要准确把握时代发展脉搏，为微课注入新的活力和内容，以确保微课不会脱离现实。如此一来，教师在动态发展中也能够获得进步，有利于消除其职业倦怠感。

4. 可操作性原则

可操作性原则，即在进行微课制作和设计的时候，应该对课堂教学活动中可能出现的问题进行全面具体的考虑，并提前预设出相应的解决策略，以便在实际课堂教学活动中尽可能地避免失误，推动微课教学顺利进行。此外，在保证微课教学具有操作性的同时，还应该强调其趣味性和观赏性，但是要把握好度，不能一味地追求美感而忽视其内涵覆盖，以免影响其操作性。在具体的制作与设计过程中，教师必须做好教学目标设计、学生人事需求分析、内容素材选择以及内容呈现形式等诸多方面的考虑工作。此外，教师自身的教学水平、专业发展特点等也是必须考虑的要素，甚至需要提前预估微课教学中可能出现的问题以及应对策略以确保微课顺利实施。

5. 以学生为本的原则

在开展课堂教学活动的时候，无论采取何种教学手段，都必须以学生为本，尊重和体现其主体性，为其提供服务。从教师角度来看，在制作微课的时候需要遵循的一个关键依据便是学生的学习和发展需求。不仅是微课制作与设计中要遵循这一原则，包括开发、应用等在内的整个过程都应该贯彻这一原则。

二、初中历史教学中微课运用的思路

（一）利用微课引导学生分析历史问题，突破教学重难点

从微课的本质属性来看，其主要的特点就是一个字——微。一般来说，为了便于学生观看和下载，一节微课的时间都会控制在10分钟之内，存储容量也常常不会超过100兆，而且一节微课基本上都是围绕一个或者两个典型的知识点进行论述的。因此，教师在设计微课的时候可以有意识地将本节课的重点和难点内容突显出来，在微课内容呈现中适当地设置一些发散性问题，引导学生对知识进行深入思考，从而使学生通过微课学习不仅能够掌握重点内容，而且可以发展自己分析与解决问题的能力。

例如，在初中历史科目教学当中，《鸦片战争》这部分的重点内容为"中英《南京条约》的内容及影响"，难点是"鸦片战争后中国社会性质的变化"。基于这一认识，教师在正式实施教学行为以前，就可以以此为依托和主题，通过多媒体教学技术设计与之相关的微课，具体内容可以分为两个部分，即《南京条约》的主要内容和条约签订对中国的深刻影响。在选择相关内容的时候，可以通过"割地""赔款""通商""协定关税"这四方面进行，并整合到微课当中直观地呈现给学生。例如，在微课中可以先将"中英《南京条约》割让香港岛示意图"展现给学生，为了让学生更好地认识和掌握，教师可以通过视频暂停功能让学生在示意图中找到香港岛的具体位置；然后向学生展

示"鸦片战争示意图"，并通过暂停视频来安排学生找出《南京条约》中被迫开放的通商口岸；最后在微课中对通商口岸的重要作用和价值进行深刻分析与论述，使学生充分认识到"英国强迫清政府开辟通商口岸，是为了满足其掠夺原料、推销工业品的目的，协定关税使得中国丧失了关税主权，破坏了中国原有的封建经济秩序"，并最终让学生完全理解"鸦片战争后中国的领土主权和经济秩序均受到严重破坏，中国开始逐步沦为半殖民地半封建社会——形式上是有自己政府的独立国家，实际上在政治、经济等各方面都受到帝国主义的控制和奴役；形式上仍然是封建统治和自然经济占主导，实际上社会已逐渐近代化，资本主义经济、政治、思想文化等因素在不断发展壮大"。学生通过这节微课的学习，基本上能够完成对本课重点的掌握和对难点的突破。

（二）根据学生的认知特点设计微课，提高学生的历史素养

处于不同年龄阶段的学生，受社会阅历和生活环境等影响，在看待问题和接受知识的时候会呈现出明显的差异性。在初中历史课堂教学中，有很多涉及评价历史人物和事件的知识点，由于初中学生的社会经验较少，因此在具体评价的时候很难客观公正地进行，很容易受到其他条件和观点影响。因此，教师应该对本班学生的认知特点有准确的把握和认识，在设计和制作微课的时候，将其作为一个必要条件予以考虑，设计出切实可行、精练浓缩的微课，从而有效培养和提升学生的历史评价能力和水平，提升其历史素养。

例如，对于初一历史中《繁盛一时的隋朝》来说，其中心内容便是"大运河开凿的目的和作用"，而初一学生由于认知水平和社会阅历都非常有限，因此很难全面客观地对这一问题进行判断和评价。基于这一现状，教师便可以围绕大运河来制作和设计相应的微课。首先可以通过展示隋朝的疆域示意图来引导学生找出其政治中心长安，然后继续论述大运河开凿的主要原因是当时北方是政治中心，粮食供给主要是依靠南方，而由于路途遥远，通过陆路进行运输不仅速度很慢，而且成本偏高，水路运输则能够有效解决这些问题。此外，还有一个重要原因就是隋朝需要加强对南方各个区域的统治力度，开凿大运河更利于统治南方，由此认识到大运河开凿的主要目的和作用。而在学习和认识大运河具备的历史作用的时候，教师可以通过微课，在视频中呈现历史名人对大运河的评价或者一些著名诗人围绕大运河所作的诗句，以此引导学生通过自主学习得出结论，即大运河的开凿有其两面性，虽然给当时的人们带来沉重负担和伤害，但是密切了南北方之间的交流，有利于国家统一。

（三）运用微课复现历史场景，加强对学生的历史情感教育

新课程标准指出，在设计和开展初中历史教学实践活动的时候，应该从"知识与技能""过程与方法""情感、态度、价值观"三个维度进行。而在三个维度中，"情感、态度、价值观"是其重要价值所在。因此，教师在开展历史课堂教学活动的时候，应该对具体的教学内容有充足把握，并将其制作成高质量微课，以此来强化对学生的情感教育，将育人功能和价值充分体现出来。

在初中历史教学实践中，爱国主义教育是学生情感教育的重要组成部分，也是引导学生树立正确三观和价值取向的重要基础条件。而在体现这一价值的时候，便可以选择与中华人民共和国成立相关的内容。因此，教师在开展《中国人民站起来了》这一课时的教学活动时，便可以充分利用现代化多媒体教学技术，制作和设计以开国大典为主题的微课，通过将成立前期的筹备工作与开国大典的盛况展现给学生，来激发学生的爱国主义情感，通过《义勇军进行曲》的播放和28门礼炮齐鸣以及五星红旗的升起，来震撼学生的心灵，使其更加深刻地体会"中国人民从此站起来了"所代表的深刻意义，激发学生的民族自豪感、自尊心和自信心。

三、微课在初中历史教学中的应用策略

（一）微课主题要为课时主题服务，贴近学生

从系统整体角度来看，一节课中需要向学生传递的知识点是非常多的，利用这些知识点制作相应的微课时，首先应该对其主题、在本课中的地位以及和其他知识点的联系进行明确的把握。例如，初中历史中《民族政权并立的时代》这一课时的内容不仅涉及的历史时段较长，其中的历史事件、地名等也比较多，因为这是我国历史发展过程中民族政权关系比较复杂的一个典型时期，涉及的知识点是非常烦琐的。而怎样对其进行适度简化，将这一时期的民族关系更加清晰明了地呈现给学生，是教师需要解决的一个重点问题，同样是一个关键性问题。基于这一目的，教师便可以以此为主题制作和设计微课，并对其依据不同的时期和地理位置进行分解，如此有利于获得更为理想的教学效果。而在具体制作微课的过程中，教师应当进一步对相应的知识点进行分析和探究，明确微课主题，从而推动学生更加清晰深刻地了解自己需要学习的内容。

与此同时，教师还可以根据自己的教学经验以及对教材内容的把握和理解，结合学生的实际认知水平与需求来确定微课的主题。

此外，在制作和设计微课的时候，教师还应该将学生的主体地位凸显出来，选择学生已经掌握的知识推动学生进行学习反馈，并且注意在制作和设计微课的时候紧扣历史主题。仍然以《民族政权并立的时代》一课为例，教师在利用微课展示辽国、北宋以及西夏的形势图时，还可以为学生设置几个通过自主探究解决的问题，如让学生根据政权出现的顺序了解不同政权的分布特点、让学生找出三个政权的都城并对其古今名称进行对比等。在教学活动结束之前，教师还可以通过想象直观的民族政权示意图，对本节课的主要内容进行概括和总结。最后，教师可以针对本节课的主题设置几个有针对性且具有适当难度的问题，让学生检测自己的学习效果。

（二）在课前指导学生进行课前预习

从当前初中的历史课程内容来看，涉及的知识点不够系统，分布较为零散，对于学生系统化认识和掌握相关知识非常不利，甚至会在一定程度上阻碍学生思维能力的发展。鉴于这一现实状况，历史教师可以将微课应用到课前预习环节当中，依据实际教学内容和教学目标，制作相应的微课，利用其优势引导和组织学生进行课前预习，丰富预习资源，从而更好地满足学生的实际需求，强化学生的学习效果。例如，教师在讲授《鸦片战争》这一课的内容时，可以在课前将与之相关的历史事件如虎门销烟等制作成视频，然后在课堂教学活动中呈现给学生。利用这些教学资源，不仅能够激发学生的兴趣和求知欲望，而且能够帮助学生对教学内容形成一定的认知和了解，从而提升学生的学习质量与效果。

（三）在课中引导学生进行自主学习

在如今这个信息化、数字化的时代和教育背景中，将微课有效应用到教学活动中，能够弥补传统教学活动中存在的缺陷和不足，有利于学生主体作用的体现，有利于调动学生学习的兴趣和积极性，有利于增强学生的自主探究与学习的能力。将微课引入初中历史教学活动中，主要有两个方面的优势和作用：

第一，教师可以将微课的优势和价值有效地发挥出来，强化学生的历史感知能力；可以通过视频或者图片等形式，将历史内容更加直观生动地展现给学生，帮助其更加深刻地理解和掌握历史知识。此外，合理利用微课还能够帮助学生有效避免因为信息量大而出现记忆混淆等问题，而且可以有效缓解学生抗拒历史学习的心理，进而提升学生的历史学习质量。例如，教师在开展《统一多民族国家的巩固》这一课的教学活动时，由于涉及的知识点都是比较零散的，因此如果单纯按照教材呈现的顺序实施课堂教学行为，对于学生理解和记忆教学内容相当不利。这个时候教师就可以将微课引入其中，在进行教学内容传授的时候，可以配备相关的图片或者视频，以此来向学生突出重点内容，而且能够引导学生集中注意力于教学内容中，给学生带来更加直观和强烈的感受，有效强化其历史感知能力，推动学生学习效率有效提升。

第二，教师可以在初中历史教学活动中，采用适当的手段将微课的优势最大化地体现出来，以推动学生历史思维发展，并利用视频和图片等更加形象的手段还原历史，为学生建构合理的教学情境，使其能够有身临其境之感，进而提升初中历史课堂教学的有效性。

（四）借助微课创设情境，打造激情课堂

历史讲述的是过往的事件，每一个历史事件都蕴含着特定的意义和记忆。在初中历史教学过程中，教师可以根据具体教学内容的需要，在微课中以文本、图像、音频、视频等方式，呈现特定的历史风貌或历史事件，以此创设教学情境，帮助学生深入挖掘事件背后的客观规律，真正掌握课堂教学内容，提升初中历史课堂教学效率。

（五）运用微课延伸教学，促进自主探究

初中历史教材的容量相对有限，难以完全满足学生历史学习的现实需求。因此，教师可以合理运用微课开展延伸教学，进一步丰富初中历史课堂教学素材，拓宽学生视野，深化认知，更好地培养学生的历史学科核心素养。教师可以充分发挥微课优势，将网络上的相关资源进行整合，制作成微课，并将其上传到班级群，也可以在课堂结尾时播放，帮助学生巩固课堂所学知识，还可以帮助学生开阔视野，切实提升初中历史教学质量。例如，在开展人教版七年级下册历史《贞观之治》课堂教学时，教师可以在课堂结尾播放事先制作好的微课，先对课堂教学内容进行总结，再以影像的方式向学生展示贞观之治与开元之治时期社会繁荣的景象。通过微课延伸教学，使学生巩固课堂所学知识，并充分调动他们学习后续知识的欲望，在潜移默化中增强其自主探究意识。

第二节　基于互联网+翻转课堂
教学模式的研究

一、翻转课堂

（一）翻转课堂概念界定

翻转课堂也被称为反转课堂式教学模式，是从"Flipped Class Model"翻译过来的，所谓翻转或者反转，实际上就是相较于传统课堂教学模式来说的。对于翻转课堂的界定和认识，不同国家的学者对其有不同的认识。

美国最早应用翻转课堂这一教学模式的是一位化学教师——亚伦·萨姆斯，其认为翻转课堂教学活动开展过程中，需要树立的一个基本理念，就是将传统课堂教学活动中针对教学内容的直接讲授移至课外，然后充分利用节省出来的课堂时间，解决学生存在的问题和疑惑。

英特尔全球教育总监布莱恩·冈萨雷斯指出，颠倒教室就是教育者将更多自由赋予学习者，将传统教学活动中在教室内完成的知识传授转移到教室外面完成，给予学生更多选择，使学生能够依据自己的需求和认知水平，选择最合适的手段学习新知识；将知识内化转移至教室内完成，以方便师生、生生之间更加有效地互动和交流。

清华大学信息化技术中心的钟晓流等人认为，翻转课堂实际上就是在信息化和知识化的教育环境中，教师将教学资源和内容以视频的形式提供给学生，并要求学生在课前完成教学视频的观看和学习，然后教师和学生共同在课堂上完成问题答疑、互动交流等活动的新型教学模式。

综合来看，笔者认为钟晓流等人的观点更加能够概括和界定翻转课堂。笔者认为，翻转课堂就是在信息化技术背景下，教师在正式上课之前将针对性的

127

教学视频和需要完成的学习任务布置给学生，让学生在课前进行自主学习，从而实现知识传递。而在具体课程教学活动中，教师和学生主要任务，是通过协作交流来解决学生自主学习中存在的问题和疑惑，从而推动知识内化顺利完成的一种新型教学形式。

（二）翻转课堂的优势分析

1. 有助于个性化学习和因材施教

在翻转课堂教学实践中，无论是课前还是课上或者课后，学生都可以根据自己的实际需求和水平来选择合适的步调，而不用强制性地追赶步调较快的同学或者减慢速度等待步调更慢的同学，使得层次化学习成为现实。此外，在翻转课堂中，学生在遇到困难或者产生困惑的时候，一般能够获得更具针对性的指导。教师还可以针对不同学生的实际水平来布置差异化任务，使得个性化学习得以实现。

2. 有助于素质教育的推进

从我国当前社会环境中实施的素质教育来看，主要目的是推动学生基本素质的全面发展和提升，注重学生的个性发展，以及创造能力和自学能力的培养。在翻转课堂教学活动中，学生可以根据自己的实际学习进程和需求，选择最适合自己的学习手段，并且能够在学习过程中随时获得教师的个性化指导，从而有效发挥出学生的主体作用。在课堂教学中，学生自主或者合作探究解决问题成为主流，有利于学生自主探究能力、团结协作能力以及创造力的提升和发展。翻转课堂不仅能够丰富教学内容、扩充知识量，而且可以拓宽学生的学习视野，促进学生综合素质的全面发展。

3. 有助于教学相长

在利用翻转课堂开展教学活动的时候，教师应该为学生设置符合其兴趣特征和发展需求的、具有一定难度的问题；应该具备制作和设计高质量教学视频的能力；需要提供给学生充足的、具有趣味性的学习资源，并为之提供针对性指导，对学生进行更加深入的分析。此外，教师还需要对学生进行多元化评价。由此可见，翻转课堂对教师提出了更高的要求，有利于教学相长。

4. 有助于发挥信息化在教育中的作用

现代化信息教学技术的广泛应用，使得学习过程打破了时空限制。在传统课堂教学活动中，受时间和影视教育理念的限制，教师开展的教学实践只能提供给学生最简洁、应付考试最有用的学习资源。但是在翻转课堂中，教师可以充分发挥现代化多媒体教学手段的优势，将更加丰富和多样化的教学内容和学习资源提供给学生。在这一过程中，尤其是教学视频的应用和普及，更是推动了翻转课堂的发展，也使学生个性化学习和层次化学习成为现实。信息技术广泛应用于教学活动中，有效解决了传统教学活动中时间和空间不便的问题，教师和学生在信息技术的支持下能够更加便捷地进行交流互动，教师也可以通过专门的教育平台，及时准确地掌握学生的实际情况。此外，翻转课堂还能够在一定程度上提升教师和学生的信息技术素养，提高其现代化教育技术的应用能力。

当然，任何事物都不是十全十美的，翻转课堂也是存在一定的缺陷和不足之处的。例如，翻转课堂必须有一定的软硬件支持才能够开展，学生如果长时间观看视频很容易对视力产生不利影响。此外，翻转课堂还需要教师具备高水平的视频制作能力和信息素养，需要学生具备一定的自主学习和探究思考能力。

（三）翻转课堂的特征

1. 教师角色的转变

翻转课堂的产生与发展使得教师的角色发生了转变，从传统教学活动中的知识传授者和课堂教学活动的主要组织者，转变为学生学习活动的主要引导者。这种变化也表明在翻转课堂中，教师不再是课堂的中心和权威，但是他们仍然会扮演学生学习发展的推动者角色。在学生遇到困难的时候，教师需要为其提供必要的支持和帮助。也就是说，在翻转课堂中，教师的主要作用是帮助学生获取更符合其自身需求的学习资源，并进行处理和利用，提高学生的实际应用能力。

随着教师教学职能的变化，其教学技能也面临着前所未有的挑战和冲击。翻转课堂要求学生自主参与到实际学习活动中，通过观看教学视频、完成任务和目标，以及解决问题等环节来建构系统化知识结构，进而成为学习过程中心。而想要完成这一点，就必须有教师设计的高质量学习活动支持。在每一个阶段的学习任务和目标完成以后，教师都需要对学生的实际学习状况进行调查和掌握，并对其进行评估，从而引导学生准确认识自己的真实水平。此外，及时有效的评估反馈，也能够帮助教师调整和改进课堂教学活动的实施策略，从而推动学生更好地向前发展。

2. 课堂时间的重新分配

在翻转课堂中，课堂上的大多数时间都是受学生支配的，以便学生可以全身心地投入其中。其中属于教师支配的时间只有较少的一部分，教师主要是利用这段时间为学生提供更具针对性的辅导，教师课堂活动中的知识讲授时间被大大缩短，课堂时间被重新分配，这也是翻转课堂体现出来的一个重要特征。与现实生活密切相关且学习情境较为真实自然的课堂学习活动，更加有利于学生通过互助协作顺利完成学习任务。翻转课堂对传统的课堂和课下进行了调换，将传统课堂中的知识讲授转移到课下，由学生通过观看视频自主完成。如此一来，不仅没有减少原来的课时知识量，反而增强了学生在课堂中的互动交流。这种转变使得学生能够更加深入地理解和掌握知识。此外，教师在对学生和课堂活动实施形成性评价的时候，也能够推动课堂交互有效性的提高，能够帮助学生更加客观地认识和了解自己的真实水平。由此可见，翻转课堂实际上就是对知识内容进行深层次建构的课堂，学生是其中的主角，在对学生传递基本知识的时候是利用课下时间完成的，使得课堂教学时间得以延长。翻转课堂的关键之处，就在于教师如何组织课堂学习活动来实现课堂时间的最大化、高效化利用。

3. 学生角色的转变

在数字化和信息化技术的支持下，教育信息化程度也得以不断加深，自主探究学习越来越受到学生的青睐。在个性化网络学习环境中，学生可以根据自己的实际需求和认知水平，选择最适合自己的学习内容，按照自己的学习进度展开个性化学习，甚至学习的时间和地点也完全可以自己做主。但是需要注意，翻转课堂虽然使得学生能够高度参与到课堂教学活动中，学习灵活性也越来越突出，但是并不代表学生是完全独立的学习。在互联网时代和信息化学习环境中，学生需要依据自己的实际学习情况，不断和教师、其他学生进行互动交流，从而扩展和深化自己对知识的认识。

（四）翻转课堂的三个关键环节

1. 微课程开发

翻转课堂区别于传统课堂教学的一个重要方面，就是课堂体系与传统教材之间存在着明显的差异。在翻转课堂教学活动中，课程传授知识的单位已经不再是"课"，而是以"微课"为单位。翻转课堂包含的教学内容主要包括：进

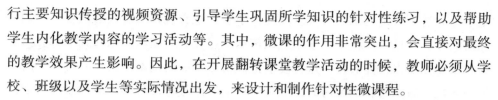

行主要知识传授的视频资源、引导学生巩固所学知识的针对性练习，以及帮助学生内化教学内容的学习活动等。其中，微课的作用非常突出，会直接对最终的教学效果产生影响。因此，在开展翻转课堂教学活动的时候，教师必须从学校、班级以及学生等实际情况出发，来设计和制作针对性微课程。

2. 课前深入学习

在翻转课堂教学活动中，传统的需要在课堂完成的知识传授被转移到了课前，并且变为学生自主完成，要求学生获得比较好的自学效果，而不是停留在简单的知识预习和浏览上面。从这一方面来看，学生课前的知识学习活动主要包括进行知识传授的微视频，以及强化学生知识学习和掌握的习题，这是帮助学生进行课前学习、完成学习任务的关键资源，也是引导学生深入学习的关键。课前深入学习，简单来讲，就是全面学习和掌握基础知识，是知识学习过程中一个非常重要的环节，也是支撑知识迁移与知识应用的一个必备条件，是翻转课堂获得良好效果的重要环节。可以说，课前学习是否能够获得较高质量，会对翻转课堂教学活动的最终效果产生直接影响。

3. 课堂学习活动组织

课堂学习活动组织的主要任务就是引导和帮助学生顺利完成知识内化，使学生对于所学知识能够有更加深刻和全面的认识，这是翻转课堂活动中价值最为突出的部分，也是提高其教学效果的关键所在。在课堂学习活动组织中，学生可以通过高质量和全面的自主探究，或者和教师、其他同学的写作交流来弥补自身学习过程中存在的缺陷和不足，从而查漏补缺，顺利实现知识迁移和应用。如果缺少课堂学习组织活动，那么翻转课堂就必然会失去其本质特征，而这个时候，不管微课程价值是否被体现出来，也不管课前深入学习的程度和效果如何，翻转课堂都很难获得一个较好的教学效果。

二、翻转课堂应用于初中历史教学中的作用

（一）历史翻转课堂能够推动学生自学能力进步与发展

将翻转课堂引入初中历史教学活动中，有利于学生的资料搜集和整理，以及知识信息获取等方面的能力，也就是学生的自学能力。与其他科目的翻转课堂教学一样，初中历史中的翻转课堂教学活动，也是从学生的课前自主学习开始的，即教师提前将自己准备好的教学视频分享给学生，要求学生通过视频自

主学习并达到一定的学习目标。因此，学生在观看视频的时候必须要有计划性和目的性。在这一过程中，学生应该依据学习任务和提示，来找到本部分内容中的重要知识点，能够在一定程度上把握历史发展的基本脉络，并且在面对学习任务或者教师布置的练习时，学生应该能够以教师设计的教学内容为线索，通过网络检索、资料查找、合作探索等诸多手段进行相关资料和信息的搜集整理，从而完成教学任务和练习实践。在整个学习和探究过程中，学生的主体作用被充分发挥出来，能够根据自己的兴趣和实际需求进行自主探究和学习，课外学习时间和空间都得到扩展，有利于学生自主学习能力的提升，有利于终身学习习惯的养成。

（二）历史翻转课堂能够培养学生团结协作、合作学习的能力

在翻转课堂教学模式中，学生在课前通过视频学习完成学习任务以后，在实际的课堂教学中，教师就可以对学生进行适当的分组，并引导学生通过小组合作学习来开展学习探究活动，完成探究目标和任务。在这种形式的课堂教学活动中，每个小组都是一个学习团体，即使是在最终的评测过程中，全体小组成员也是作为一个整体来进行评估的。因此，小组成员必须互帮互助，每一个组员都应该将自己的价值和作用充分体现出来，在确保自己获得高水平学习效果的同时，也应该尽力帮助学困生达到目标。而想要获得这种教学效果，在课堂探究活动中，每个学生都应该融入其中，发挥自己的作用，和同学共同交流、探讨完成教师设置的学习任务。此外，学习成绩比较优异的学生还应该主动去帮助学困生，通过讲解和引导等手段来帮助他们深入地理解历史知识。由此可见，这种小组合作探究式的学习手段，有利于小组内知识资源的共建共享，使学生认识到知识的获取和掌握是一个相互帮助和共同提升的过程，从而培养和提升学生合作交流的能力。此外，教师及时对小组及各个成员进行理性评估也有利于小组之间的良性竞争，激发其集体荣誉感，调动其学习积极性。

（三）翻转课堂教学模式有利于培养学生的文字表达、编辑设计以及绘画能力

在翻转课堂教学模式中，传统的课堂知识传授变为学生的成果展示。也就是说，在课堂活动中，学生需要将自己在教学视频观看环节搜集的资料与教材中的相应知识点进行联系，并通过一定形式，如文字、图片等表述出来。而想

要达到这一效果，不仅需要小组成员进行版面设计和图文编排，而且需要学生自己动手制作相应的图片、卡片等，并且对文字表述进行校对和检查以确保其准确无误。由此可见，在翻转课堂教学模式中，自始至终都是需要学生亲自进行探究和实践的，对于动手操作能力和艺术审美能力的提升与发展都有推动作用。

（四）翻转课堂教学模式能够培养学生的创新能力

相较于传统课堂教学活动，翻转课堂教学模式更有利于学生主体作用的发挥和创作能力的激发与提升。首先，在翻转课堂教学活动中，每一个学生的能力和优势都能够最大限度地体现出来，学生可以依据自己的需求学习。而且课堂教学中通常都是采取小组合作的形式，学生可以共同探究、自主发言，使得课堂教学氛围更加活跃，学生也从传统教学中的被动学习转为主动学习，学习兴趣和欲望被充分调动起来，有利于学生创新能力的培养和提升。其次，在翻转课堂教学模式中，教师通常都会鼓励和支持学生自己设计问题，或者在课堂上为学生创设合适的问题引导其讨论和探究，从而引导学生形成质疑与答疑的良好习惯，发展创新思维。最后，在翻转课堂教学模式中，教师往往给学生建构一个能够展现自身优势的平台，学生可以根据自己的认知水平和优势，来选择适当的形式展现自己对知识的掌握与理解，从而更加直观形象地诠释历史、展现自己，培养求异和独创的精神。

三、翻转课堂在初中历史教学中的实践

（一）课前学生自主学习

在课前自主学习阶段，教师应该制订和设计明确的教学任务和目标，并且以此基础和线索，通过诸多途径寻找适合初中学生需求和特征的多样化学习资源，并以表单的形式呈现给学生。在这一环节中，为学生设计自主学习任务主要是为了帮助学生认清自己的实际需求和水平，从而更好地把握自己的学习进度，使每个学生都可以通过自己的努力完成学习任务，并取得适当的学习效果。在制作和设计教学视频的时候，初中历史教师应该围绕主要的教学任务和目标来制作和设计，可以在网络上搜索相关视频资料，也可以自己进行课程录制。但是需要注意，无论是哪种教学视频，都应该和学生的学习水平和需求相符，视频时间应该控制在10分钟左右。在当前这个信息化和数字化时代，学生

接受碎片化知识的能力正不断强化。由于信息内容的呈现形式越来越多样化与复杂化，教师在设计教学视频的时候，应该以教材知识框架为支撑条件，而不是单纯从理论知识框架解析。在讲授相关知识的时候，为避免枯燥乏味，教师可以将与内容相关的历史小故事穿插其中。在设计问题的时候，教师应该始终坚持技巧性原则，注重学生学习兴趣和积极性的培养，激发其学习欲望。而在翻转课堂教学实践正式实施的时候，教师可以联合家长，一起对学生的学习和任务完成情况进行监督。学生在自主探究过程中遇到困难的时候，可以通过即时在线交流平台与教师互动，教师对学生提出的问题进行归纳和整合，在课堂教学活动中为其解惑，从而调动学生的学习积极性，提升课堂教学效率。

（二）课堂教学设计

在课堂教学实施阶段，教师可以借助多媒体教学技术来对学生进行启发式提问，完成教学课件导入，然后以教学设计为条件，对学习小组进行合理划分，开展分层教学。首先，教师需要将课堂教学目标细化。在组织和设计本节课的教学内容时，应该从教学任务出发，引导学生进行课前预习和课堂上的小组合作探讨，使学生能够认识到关键的教学内容，从而更加深入地理解知识点。其次，教师通过多媒体课件呈现给学生的内容应该体现出理论科学性。在课堂教学活动中，教师进行知识展现的课件，应该遵循精简和重点突出等原则，要能够引导学生在完成视频观看的基础上，进一步整理与总结教学内容。再次，课堂教学设计应该对教学内容起到一个补充的作用。也就是说，教师应该依据教学活动的实际状况，适当地往里面填充新的知识内容，从而帮助学生更加深刻地掌握和理解主体知识。最后，要将课堂评价的优势和作用充分体现出来。教师应该和学生共同对课堂活动进行评价，要鼓励和引导学生积极参与其中，从而激发学生学习的兴趣和欲望，使学生树立起学习历史的信心。

（三）课后复习巩固

所谓课后复习巩固，就是教师应该从学生实际的发展需求出发，为学生制订全面、针对性的学习计划，使学生能够通过自主探究等活动完成知识巩固和丰富。为了完成这一目标，需要教师对所有学生的实际情况都有一个比较准确的把握和认识，如此才能从不同学生的实际需求出发，设置针对性和差异化的课后训练。此外，作业的形式应该多样化，如选择题、填空题、主观题等都应该有所涉及。例如，教师在开展"中国改革"这部分内容的教学活动时，教师可以组织学生通过辩论赛的形式展开学习，将学生分为正反两方来探讨中国改革的双面作用，并利用多媒体信息技术统计相关数据，现场对学生进行评测。在这一教学活动中，教师可以更加准确地掌握不同学生对知识的理解情况，从而引导学生掌握一定的答题技巧，提升其发现问题、分析问题以及解决问题的能力。

第三节　基于互联网+云端课堂教学
模式的研究

一、云端课堂教学类型及优势

（一）直播课堂

所谓直播课堂，主要指的是教师依托在线直播技术，通过相应的教学平台为学生授课，如视频直播、音频直播等都是直播课堂的重要形式。一般而言，直播课堂都会有一个主要负责直播的教室以及多个分教室，主要指在互联网数字化技术的支持下，开展一对多的实时交互式教学。相较于其他教学模式，直播课堂的优势如下：

第一，直播课堂能够服务和联系更多学生。在传统的课堂教学活动中，知识传授是需要教师和学生面对面在同一个空间完成的，而直播课堂打破了传统课堂教学活动的空间束缚，使得师生之间即使不处于同一空间和场地也能够完成信息的实时传递。由此可见，直播课堂不仅具有传统课堂教学活动中信息交流便利的优势，而且发散了教学空间，打破了空间限制，使得教学活动的覆盖面越来越广，也使得越来越多的学习者能够在直播课堂中汲取自己所需的知识。除此以外，将直播课堂应用于教学活动中，也能够较好地应对学校教学资源不足、分配不均等问题，有利于实现教育教学公平，从而更好地提升教学效果，提高学校的办学效益。

第二，直播课堂的合理应用有利于教学效果提升。相较于传统课堂教学活动中以口述和板书为主要手段的形式，在开展直播课堂教学活动的时候，通常需要用到各种形式的多媒体技术，如课件、音视频等，使得教师在单位时间内能够将更加丰富的知识以更多形式和手段传递给学生，有利于课堂教学效率提升。此外，现代化多媒体教学技术的有效应用，也使得课堂教学内容愈发丰富起来，课堂越来越有趣味性。

第三，直播课堂使得教学活动中的实时信息互动成为现实。所谓直播课堂，简单来说就是在双向视频直播技术的基础上，建构起来的一种直播教学模式，师生在其中可以不受时间与空间的束缚随时随地进行在线交流与互动。在直播课堂中，教师和学生的声音、影像等都能够进行自由传递，师生之间可以随时进行沟通和互动，使得在传统课堂教学活动中师生互动便利性这一优势得以保留下来。

第四，直播课堂有利于应对和解决活动中临时出现的各种干扰因素。在传统课堂教学活动中，能够对学习效果产生影响和干扰的各方面因素还是比较多的，尤其是一些不可控因素，一旦出现就会使课堂教学活动无法正常开展。而直播课堂教学模式，便可以有效应对这种干扰和问题，而且有利于直播课堂在线教学的普及与应用。

（二）录播课堂

所谓录播课堂，顾名思义，就是教师在开展教学活动以前，便提前通过音视频等形式将教学内容录制下来，并上传到相应的教学系统和平台之中，学生可以根据自己的实际需要随时随地地观看与下载。录播课堂和直播课堂一样，也是云端课堂教学的一种重要形式，而且相较于直播课堂，录播课堂有如下几个方面的特点：

第一，在录播课堂中，因为里面的教学内容都是提前录制的，因此有利于避免一些重大失误出现。和直播课堂中师生直接通过云端面对面交流互动不同，录播课堂中的教学内容都是事先进行筛选与整合的，而且录制过程中如果出现失误，还可以重复录制或者通过剪辑手段将其修正。如此一来，不仅有利于降低教师的心理压力，而且可以使教学过程更加完整与全面。

第二，有利于学生随时随地开展学习活动。不同于直播课堂中的定时学习，在录播课堂中，教学内容都提前置于教学平台和系统之中，因此学生可以随时随地登录系统或者下载教学资源进行学习，使得学生实施学习行为更加便利。

第三，录播课堂不利于师生之间信息的实时互动。在录播课堂中，由于教学内容都是事先录制成音视频等形式并传入教学系统中的，因此在课堂教学活动中，师生之间无法进行实时的互动与交流，学生只能够被动地接受教师提供的各种信息。

二、初中历史云端课堂教学的互动方式

（一）课堂互动

所谓课堂互动，就是在课堂教学活动开展和实施的过程中，师生之间进行的互动与交流，是指云端课堂教学活动中，师生之间或者生生之间的信息交流和沟通。在初中历史云端课堂教学活动中，课堂活动主要包括如下几种：

第一，课堂问答形式。可以说，无论是对初中历史云端课堂教学互动而言，还是其他科目的课堂互动而言，课堂问答都是最主要的方式之一。如传统课堂教学活动中，一般都是教师提出问题，学生主动举手或者教师指定学生回答。而在云端课堂互动中，教师可以通过语言来向学生提问，也可以通过插入文字或者图片等形式进行提问，而学生在回答的时候主要是利用技术手段，通过按键的方式实现问答。

第二，小组讨论形式。小组讨论是课堂互动的另外一种具有重要作用和地位的方式。在传统的课堂教学活动中，教师一般是先给学生布置一个具有开放性的问题，并且会依据一定的客观条件将学生分为若干小组，小组成员之间可以针对问题开展广泛讨论与交流，但是其他小组一般无法听到或者看到这一小组讨论的主要内容。在学生开展讨论活动的时候，教师可以通过适当的技术手段，来观察和了解各个小组的讨论状况，也可以在适当的条件下加入某一小组中和学生共同讨论问题。在学生完成讨论任务以后，教师可以指定某一小组成员阐述自己在讨论中得出的观点，也可以让每个小组推出自己的代表阐述本组的观点，最后由教师对学生进行综合点评。云端课堂教学中的小组讨论与传统课堂教学活动中的小组讨论有很大不同，其中一个最大的区别就是，云端课堂教学在现代化信息技术的支持下，能够将小组讨论内容全部进行封闭，使不同小组之间不会受到任何干扰，能够更好地保证讨论效果。

第三，随堂测试形式。作为云端课堂教学活动中一种行之有效的互动方式，教师可以在课堂教学中，直接对学生进行提问或者提前编制电子试卷在活动中发给学生，让学生即时回答。随堂测试有利于教师更加便捷地掌握学生的学习情况，并及时地根据测试情况进行现场点评。

（二）课后互动

除了课堂互动以外，课后互动也是云端课堂教学互动的主要方式。课后互动主要包括如下几种形式：

一是课后留言。现场课堂教学活动结束后，学生依然可以利用云端课堂教学平台的留言系统，将听课过程中的一些疑难问题或者心得体会总结编辑后上传，教师可以在登录平台后及时发现这些留言，并逐一回复。这种方式极大地拓展了课堂教学的内容，实现了教学的深入和延伸，对巩固教学效果、提高教学质量具有十分重要的意义。

二是课后作业。在云端课堂教学过程中，教师可以通过布置课后作业来实现与学生的互动。教师可以在课堂直播或者录播教学过程中布置课后作业，也可以通过系统中的作业功能布置作业，学生登录系统后即可收到作业任务。学生完成课后作业同样需要凭借系统来上传。

三是课堂教学评价。云端课堂教学过程结束后，教师需要设置课堂教学评价环节，集中了解学生对教师教学活动的总体感受、认识以及对改善教学活动的建议和意见等。

三、初中历史云端课堂教学的评价与反思

（一）教师评价

为了准确地掌握学生的课程学习情况，并向学生做出评价和反馈，应当采取如下标准：

一是观察学生的课堂学习表现。在云端课堂教学活动中，教师可以通过视频渠道及时观察到学生课堂学习时的种种表现，包括注意力是否集中、是否能够伴随教师的指导做出相应反应、是否容易被其他突发状况所吸引等。对学生课堂学习表现情况的观察，需要教师付出更多的努力和精力，也需要有针对性地对"重点人"实施重点观察，否则观察过程就是低效率的，无法真正全面了解到学生课堂真实表现。

二是观察学生的互动情况。对学生课堂互动情况进行观察是教师评价和反馈的重要依据，重点包括学生参与课堂学习的积极性、提问的参与度、小组讨论的活跃度等。一般来说，如果学生在课堂教学过程中能够做到积极思考、主动回答问题，并且愿意积极参与小组研讨活动，那么就意味着他的学

习参与度较高，能够获得教师的较高肯定和表扬。

三是审视课后作业完成及考核情况。教师还可以通过学生课后作业完成情况，以及临时考试、定期考核的成绩等衡量学生的学习情况，并对其做出评价和反馈。

（二）云端课堂教学的反思

笔者在这里就云端课堂教学的一些主要问题进行简要的反思，并提出解决的具体建议。一是云端课堂授课环境对教师的影响。在许多云端课堂教学过程中，教师并非处于一个相对封闭的环境中进行直播课程或者录制课程，在授课过程中很容易受到一些外部因素和突发因素的影响，特别是对直播课堂教学活动的影响和干扰更为严重。为了解决这个问题，一方面，学校应当尽快建设专业的直播录播室，让更多的教师可以利用专业的设备和良好的环境，进行课程直播或者录播，尽量减少外部因素的干扰；另一方面，要训练教师适应环境，实现主动调整、降低干扰的不利影响。二是教师心理因素对教学效果的影响。在直播课教学过程中，一些教师因为过分紧张等经常出现口误，对教学效果产生直接影响。为此，应当采取循序渐进的方式，一方面强化教师心理素质培养，提高抗压能力；另一方面，对于在短时间内确实难以调整心理状态的教师，尽量采取录播的方式，降低失误率，逐步培养他们的信心。三是学生的心理因素对教学效果的影响。当前，一部分学生对于云端课堂教学存在抵触情绪，不愿意主动参与其中。为此，应当加强学生心理疏导和干预，提高对云端课堂教学活动重要性的认识，适应云端课堂教学的新变化，积极主动参与其中。

第五章

初中历史的教学与评价方法

第一节　初中历史教学方法概述

一、历史教学方法界定

教学方法是受教师教学方式和学生学习方式协调运用所产生的效果决定的，因此在对其进行界定的时候是可以从多个方面进行的，主要观点如下：

第一，所谓教学方法，就是教师为了将既定的教学内容充分传递给学生，顺利完成教学任务，而通过一定的教学手段进行的，在教学原则指导下开展的一整套方式组成以及师生相互作用的活动。

第二，所谓教学方法，就是教师为了顺利完成教学任务、达成教学目标而使用的一种手段，包括教师的教法和学生的学法，是教师引导学生学习和掌握知识与技能、推动学生综合素质全面提升与发展的手段。

第三，所谓教学方法，就是在教学实践活动中，师生为了实现预设的教学目的而采用的教与学相互作用的手段的总称。

第四，所谓教学方法，就是对教学活动和整个过程进行引导与调节的重要手段与方式，也是师生在教学活动中，为了实现教学目标和计划、了解和掌握一定的教学内容所必须遵循的原则性步骤。

综上所述可以看出，教学方法的应用，主要是为了实现一定的教学目的，而且具有突出的可操作性，有一整套相应的程序，是可以满足教学目的的所有手段与方式的综合体。而具体到历史教学活动中，所谓的历史教学方法，就是指向历史教学目标、受历史教学内容制约、在历史教学过程中为师生所共同遵循的教与学的操作规范和步骤。它是引导、调节历史教学过程的规范体系。

二、历史教学方法的类型及运用

（一）历史教学方法的类型

从整体视角来看，历史教学方法包括讲授法、讨论法、史料研习法、合作探究法以及角色扮演法等诸多形式。而如果将历史教学分为课堂讲授和课堂活动，则历史教学方法也应该进行适当分类。对于历史课堂讲授而言，其基本的教学方法包括讲解法、图示法、板书法等；对于历史课堂活动而言，其主要方法包括史料研习法、辩论法等。

在初中历史课堂教学活动中，教师和学生是其中的主体，如果按照这一因素构成来划分，主要包括以下几种：以教为主的教学方法，如讲授法、史料研习法等；以学为主的教学方法，如自主学习、合作学习等；教学并重的教学方法，如辩论法、角色扮演法等。这里需要注意，上述种种都仅是从一个维度划分的，但是在实际的初中历史课堂教学活动中，这些教学方法需要综合运用，并且每种方法之间是相互渗透的。

（二）历史教学方法的运用

1. 讲授法的运用

所谓讲授法，就是以教师为主导，通过语言口述等形式，将历史知识传递给学生的教学方法。教师在运用这一方法的时候，一般都是利用系统化、简练明确的组织性语言，将具体的历史知识和教学内容传递给学生，而学生则需要尽可能完整和准确地接受教师输出的知识和内容，使预设教学目标能够顺利完成。在初中历史教学活动中，讲授法是一种非常重要的教学方法，在新课程改革不断深入的背景下，虽然也出现了很多新的教学方法和教学模式，但是基本上都需要和讲授法进行结合才能够顺利实施。对于初中历史教学而言，讲授法因其经济可靠而成为教学活动中最为常用的一种教学方法。在课堂教学活动中，讲授法又分为讲述、讲解、讲读等诸多形式。

（1）讲授法运用的基本步骤。

准备阶段：首先，应该明确教学目标，并围绕教学目标，组织和设计特定的教学内容；其次，对教学内容的重点和难点内容进行归纳整理，按照一定的线索和规律，由浅入深地将主题内容呈现给学生；最后，对学生的总体特征进行深入分析。

讲授的实施：第一，根据教学大纲中的线索，尽可能选择启发性手段将教学内容传输给学生，使之与学生已经建构的知识体系之间建立联系；第二，在进行知识讲授的时候，应该从历史时空、历史事件或者历史人物等特点出发，如根据历史事件的先后顺序、历史人物的主要成就等开展教学活动；第三，要尽可能全面、系统地讲述历史事件，尽量选择事件中具有代表性的情节内容；第四，讲述次要内容的时候，应该尽可能简明扼要地概述，主要目的是将历史发展的全貌和线索勾勒描绘出来。

（2）讲授法运用须知。

第一，在运用讲授法的时候，需要遵循"假定相应教学内容和历史知识具有价值"这一前提条件；第二，对于需要讲授和传输的知识，教师应该尽可能深入地理解和掌握，对于学生的学习需求和认知水平等也应该有所了解；第三，讲授语言应该简练明了清晰，要尽可能地具有感染力；第四，应该合理调整讲授时间，与其他教学方法进行有效结合；第五，讲授法虽然比较经济、节省时间，可以将较为抽象的教学内容直接传输给学生，但是很容易形成单向灌输式教学状况，学生很容易形成被动接受知识的习惯，对其创造性思维和创新能力的发展都较为不利。

2. 演示法的运用

所谓演示法，主要就是教师利用历史地图、卡片、实物等将相应的教学内容呈现在学生眼前，使学生能够形象直观地感受某一个历史信息或者概念，从而深化历史问题认识的教学方法。在具体实施过程中，涉及的主要因素由教师亲自进行演示，内容包括历史事件、历史人物等相关的内容信息，而学生的主要任务是通过观察来学习和掌握相关的知识。根据不同的演示手段，演示法可以分为地图演示、图片演示以及实物演示，等等。

（1）演示法运用的基本步骤。

演示准备：首先，教师需要将演示主题告知学生，并提醒其在观看过程中重点观察和记忆什么，与此同时，还可以给学生设计一些具有启发性的问题；其次，将演示法和讲授法相结合，在演示过程之前将相应的内容讲授给学生，使学生能够对相关主题和内容有一个基本的了解，进而更好地在教学过程中把握教学内容。

进行演示：首先，教师应该依据不同的演示手段把握好演示的时机，例如在进行地图演示的时候，可以结合讲授法进行内容讲述；在展示历史图像的时候，可以对其反映的内容进行适当的描述和说明；在进行历史人物图像演示的时候，应注意描之以形、传之以神。其次，进行演示的时候应该根据不同的形式选择不同的演示方法，在演示历史地图的时候应该尽可能地从局部到整体；在进行历史实物演示的时候，应该注意突出重点。再次，在演示历史地图的时候，应该注意介绍和讲解重要历史地名的变化情况。最后，演示过程中应该注意结论信息的印证。

（2）演示法运用须知。

第一，在演示准备阶段，教师应该把需要进行演示的内容、演示步骤以及需要用到的材料等提前准备好，把握好演示的时机；第二，在正式利用演示法开展教学活动之后，应该注意演示步骤的合理性，对不合理之处要及时调整，与之结合的讲解应该尽可能明确清楚；第三，演示法能够给学生带来更多的观察学习机会，有利于信息交流及多层面能力的发展，但是正式实施过程中需要合理分配时间和内容。

3. 史料研习法的运用

所谓史料研习法，就是教师和学生展开合作，共同进行历史资料研究分析的教学方法。这一教学方法主要是以相应的历史资料为基础提出问题，注重引导学生通过解决相应的历史问题来丰富和掌握历史知识，从而提高学生的学习能力，培养其价值观念和思维品质。

（1）史料研习法运用的基本步骤。

第一，根据本节课的重难点内容，选择与之相符的史料研习主题；第二，根据教学内容和教学任务，选择相关的历史资料，并在适当的时候展示给学生；第三，依托于史料研习主题，组织学生进行分析和论证。

（2）史料研习法运用须知。

第一，在初中历史教学活动中，适当利用史料研习法能够培养和提高学生分析和获取历史信息的能力；第二，有利于学生问题意识的激发，能够培养学生多方面的能力；第三，在史料研习过程中，教师不仅要给学生提供适当的材料，还应该做好指导学生深入研究的准备。

4. 讨论法的运用

所谓讨论法，主要指的是教师通过组织和引导学生进行语言交流互动来完成预设的教学任务和目标的教学方法。相较于讲授法，讨论法能使学生更加广泛地参与到教学过程中，可以更加深入地进行问题探讨，并提出自己独特的见解。

（1）讨论法运用的基本步骤。

第一，确定讨论目标，选择讨论内容；第二，根据需要合理分组，明确讨论形式；第三，组织实施讨论，最后概括总结。

（2）讨论法运用须知。

第一，在针对相关历史问题展开讨论的时候，一般都是通过对历史事件因果讨论，对其中的主要任务进行讨论；第二，教学活动中讨论的问题，应该是本节课或者本部分教学内容中的重点或者难点问题；第三，教师应该采取一定的测试，鼓励学生积极主动地投入讨论活动中，并且围绕主要问题积极发言，此外还应该通过相应的话题尽可能地将问题讨论引入更深层次；第四，对于讨论时间，教师应该注意调控和掌握，要具备将讨论法与其他教学方法进行协调的能力；第五，在最后对讨论问题进行总结的时候，教师不仅要对结果进行评价，而且应该对学生在讨论过程中的具体表现进行客观公正的评价。

5. 谈话法的运用

谈话法是指教师与学生在课堂上进行对话、问答的方法，其特征在于教师根据已有的知识和经验，围绕学习的重点内容提出问题，启发学生思考，引导学生获得有效历史信息。按照谈话性质，可分为启发性谈话、概括性谈话、巩固性谈话、考查性谈话等。

（1）谈话法运用的基本步骤。

第一，根据教学目标与内容，确定谈话主题；第二，提炼谈话内容中的问题；第三，采用合适的谈话方式，围绕谈话内容与目标进行安排；第四，对谈话结果做适当总结。

（2）谈话法运用须知。

第一，不要过度地提复杂或模棱两可的问题；第二，要事先构思问题答案的范围与多种可能性，在学生没有进行思考或探索问题时，不要提供正确的答案；第三，不要把提问作为为难学生或惩罚学生的方式；第四，谈话要侧重于对问题的探究。

6. 角色扮演法的运用

角色扮演法，即学生在教师的指导下扮演教学内容中涉及的不同角色，重现历史发展脉络，以此更加深刻地掌握与理解相关内容的教学方法。在初中历史课堂教学活动中进行角色扮演，主要是为学生创建一个和历史情境接近的场景，以此来激发其学习兴趣和积极性，培养其发散性思维和想象力，使学生能够从中获得更加直观的情感。

（1）角色扮演法运用的基本步骤。

第一，要活跃小组气氛。明确教学主题；设定具体明晰的教学问题；将能够展现问题的历史故事提供给学生，并组织学生对其中存在的冲突进行探讨；对需要学生扮演的角色特征等进行必要的说明。第二，根据历史人物性格特点和学生兴趣特征，挑选角色扮演者。第三，布置舞台。对角色扮演过程中需要遵循的行动路线进行更加清晰和明确的划分，对需要扮演的角色进行再次阐述和解释，并引导学生深入问题情境。第四，观察者需要做好一定的准备工作，例如观察过程中需要注意什么、需要重点观察哪些方面，并为其制定明确的观察任务。第五，实施角色扮演。第六，对表演活动进行讨论和评价。引导学生对角色扮演的过程进行回忆，并对其中存在的问题以及呈现出来的历史问题进行集体探讨，做好下一次角色扮演的规划。第七，进行二次表演。依据前一步骤中对存在问题的讨论来修正角色，再次安排学生进行角色扮演，并提出下一步的行动步骤。第八，对表演活动进行讨论和评价，具体参见第六步。第九，共享经验与概括，把问题情境与现实经验、现实问题联系起来探索行为的一般原则。

（2）角色扮演法运用须知。

第一，教师应该在课前准备好教学主题，并且做好初步的表演构想，尽可能为学生建构一个科学合理的历史情境；第二，要提前针对剧本与角色分配和学生进行讨论，帮助学生针对自己需要扮演的角色做好准备；第三，应该采取必要的措施充分调动学生的积极主动性和学习兴趣，引导学生自主设计历史场景、人物对白等；第四，角色扮演应该具有感染力，对学生的健康成长和发展具有促进作用，但是相较于其他方法，角色扮演的难度往往更大，因此在角色扮演过程中还需要教师做好随时调节的准备。

7. 自主学习的运用

所谓自主学习，实际上就是学生独立主动地实施学习行为，属于认知监控学习的范畴。自主学习是新课程改革不断深入过程中提出和倡导的一种重要的教学方法，其特征主要包括以下几个方面：第一，学习计划、学习进度等都由学生自己根据自己的需要进行安排；第二，对学生学习活动的检查、评价等都由学生自己负责；第三，学生自主调节和修正自己的学习活动。

（1）自主学习运用的基本步骤。

从我国的教学活动开展来看，能够体现自主学习法的教学模式是比较多的，如自主探究、自学辅导等。罗杰斯在提出非指导性教学的时候，将自主学习分为五个阶段，即确定辅助情境阶段、探索问题阶段、发展学生洞察力阶段、规划和决策阶段、整合阶段。而在对其进行转化，使之成为课堂教学行为的时候，具体通过以下几个步骤完成：第一，要认真组织教材，使其能够更加方便学生进行自主学习；第二，提出问题，调动和激发学生的学习兴趣与动机，使其积极投入学习活动中；第三，为学生提供选择性和可靠的学习条件、情境以及目标；第四，允许学生自己制订目标、计划以及具体的学习内容；第五，开展小组合作教学，使学生可以通过相互讨论共同学习与进步；第六，让学生对自己的成果进行自评。

（2）自主学习运用须知。

第一，要提供适宜的课堂环境；第二，提供合适的学习材料，便于学生自主学习，可对教材进行个性化处理，如简略化教材、结构化教材等；第三，采用多种指导方式鼓励学生参与课堂管理；第四，自主学习有一定难度，教学结构较松散，不便于在实际教学中大规模使用。

8. 合作学习的运用

合作学习是一种以个体或群体之间相互合作为展开形式的学习方式，其特点在于以下几个方面：第一，强调共同目标，为共同完成某一学习目标而合作；第二，强调合作个体之间的相互配合与协调；第三，强调个体目标与群体目标的同一性。

（1）合作学习运用的基本步骤。

第一，合作学习要有明确目标；第二，合作学习要有示范、指导；第三，合作学习要有小组协作分工、交流与探讨；第四，合作学习要有评价。

（2）合作学习运用须知。

第一，合作学习的理论基础涉及交往教学论、群体动力论、合作教育学

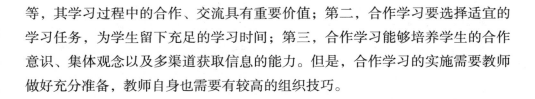
等，其学习过程中的合作、交流具有重要价值；第二，合作学习要选择适宜的学习任务，为学生留下充足的学习时间；第三，合作学习能够培养学生的合作意识、集体观念以及多渠道获取信息的能力。但是，合作学习的实施需要教师做好充分准备，教师自身也需要有较高的组织技巧。

第二节　初中历史教学评价概述

一、教学评价的定义

所谓教学评价，聂幼犁认为就是对教学行为、教学过程以及教学结果进行价值判断的过程，能够为教师提供改进和完善教学活动开展的建议，是整个教学活动中非常重要的组成部分。

二、对学生的评价

（一）评价体系的特点

第一，之所以对学生进行教学评价，一个重要的目的，就是使每一个学生都能够获得进步和发展。在新课程改革的背景下，教学评价的根本目的转变为育人为本，直接目的为给教师提供全面、具体且具有针对性的改进后续教学的建议和依据。因此，评价结果应该及时反馈给学生，以便于学生及时改正和完善。

第二，教学评价的主体变得更加多元化和互动化。在新课程改革背景下，评价主体已经不仅是教师这一个方面，还包括家长的评价以及学生自己的评价。相较于传统的教学评价，如今的评价主体更加多元化，且呈现出双向选择和沟通的趋势，对于评价结果的认同更为关注。

第三，教学评价的内容更加全面、多样化。在新课程改革不断深入开展的背景下，教学评价的内容已经不仅仅是学生的知识学习和技能掌握等情况，而且包括对学习方法的掌握、学习态度和创新意识、合作探究能力等多方面的综合性评估。

第四，教学评价方法更加多样化。新课程改革倡导通过访问调查、测验讨论等诸多方法开展评价，而不再是传统教学评价中只依靠考试这一种方式进行。此外，在新的教育背景下，考试自身实际上也发生了相应变革，无论是手段和方法，还是内容与结果，很多方面都产生了重要改变。

第五，教学评价的过程更加日常化。在新课程背景下，教学评价对于综合进行过程性评价和终结性评价更为重视。传统教学活动中，单纯利用考试这一种手段对学生进行阶段性学习评估，如今已经发生了根本性转变，教师在评价过程中，会通过多种手段对学生学习过程的各个方面进行评价，并且将其贯穿于日常教学活动中，使得教学评价更加日常化。而在评价时间方面，教学评价已经体现于每一周甚至每一个课时的教学过程中，而不是在传统教学中仅仅体现在期中或者期末的测验与考试中。

（二）学生评价的目标

1. 认知领域

陕西师范大学赵克礼教授指出，我们可以将认知理论分为知识和能力两个部分。其中，知识又可以分为学科知识和经验知识两种。从历史学科方面来看，其涉及的基础知识包括：基本的历史知识、历史概念、历史材料和现象以及历史规律和发展脉络等。从能力方面来看，包括获取信息能力和探索创新能力。其中，获取信息的能力实际上就是学生需要掌握学习技能；而探索创新能力，主要就是指学生分析和解决问题的能力，以及根据事实条件进行创新的能力。

2. 情感领域

从情感领域来看，赵克礼指出，也可以分为两个方面，即心理素质和品德素质。对于新课程改革而言，实际上就是三维目标中的"情感、态度和价值观"。于友西则指出，所谓情感领域，指的就是学生所具备的积极向上、健康的社会情感，包括道德感、美感以及理智感三个方面。

初中历史是对学生情意目标进行培养与发展的主要学科，而情意目标的主要特点就是高度抽象性、稳定性以及无限开放性，不仅很难利用定量手段进行测量，通过考试测验来考查也是很难完成的。但是从广义方面看，情境目标是能够进行评价的。而在进行评价的时候，需要注意从以下几个方面实施：

第一，应该尽可能地利用自然情境观察法评价，以免情意考核出现在严肃且相当正式、或者压力较大的环境中。自然情景中的观察法具有多样性，且非常方便，如对学生之家的相互关系进行观察。对学生日常生活中的行为和表现进行观察等都属于其范畴。

第二，教师应该有足够的耐心对学生进行长期了解，以免依据少数几次印象就进行判断和评估。从情意目标的本质内容来看，情意目标通常是在一个比较复杂的环境中经过反复多次积累而逐渐形成的，是无法在短时间内直接完成的。因此，在培养和评价情意目标的时候，应该保持一个长期且耐心的态度。

第三，对情意目标进行评价的时候，应该采用定性方法，尽可能避免通过客观笔试进行。具体而言，可以通过让学生写心得体会或者调查报告等进行。

3. 动作技能领域

对于学生动作技能领域的评价，笔者认为，主要可以从以下几个方面进行：

第一，再认、再现历史知识。即对事实性知识的记忆和理解能力，包括对历史事实、概念、结论的认知，也包括对历史发展阶段线索和过程的理解。

第二，获取和处理历史信息的能力。包括阅读和理解、辨别和取舍、说明和论证的能力。

第三，历史思维能力。包括对历史知识的归纳、比较、分析和概括能力，对历史事件、人物、观点的分析、评价能力，以及对历史现象与本质、历史发展规律进行辩证分析的能力。

第四，表达能力。即准确表达和传递思想的能力，包括用口头和书面的语言表达能力。

（三）评价的方法

1. 常规测验

所谓常规测验，也就是我们经常所说的笔试，也是目前我国针对学生学业评价进行资料收集的主要手段。在初中历史教学活动中，常规测验是对学生成绩和效果进行数量测量、对结果进行分析和评估最常用的评价形式。在利用常规测验这一方法进行评价的时候，教师应该将学生的历史知识掌握与历史能力水平进行结合。也就是说，不仅要对学生知识掌握水平进行评测，而且需要考查学生将知识内容应用到实践活动中的能力。此外，在实施常规测验的时候，应该将历史课程的综合特点以及所具备的独特的情感教育功能体现出来。因此，在进行常规测验过程中应该通过多种形式进行。例如，教学过程中的形成性测验，便可以通过自主测验方式进行，可以对学生进行适当分组，让学生合作命题、设计测验题目、组织学生进行测验并进行最终的评价和总结，从而将历史测验与学生的学习活动有机结合到一起，使之成为学习过程中的有机组成部分。

常规测验形式很多，如日常教学活动中的小测验、月考、期中考试、期末考试等都属于常规测验的范围。一般来说，日常的小测验规模都比较小，往往是教师直接拟定测验题目并组织测验，具有较大的灵活性。而期末或者统考等规模都比较大，通常都是学校或者比较大的教育机构组织实施的，题目的拟定、试卷的印制甚至考场安排等都是统一组织的。笔试的操作方法比较简单，而且最终的结果通常也是非常客观的。在相同范围内，学生面对的题目一样，要求和评价工具也都是相同的，在一定程度上保证了评价的公正性。

2. 观察法

所谓观察法，即对学生日常学习活动中的表现进行目的性和计划性观察记录，以此为基础来全面系统地对学生的历史学习效果进行评价。教师通过在课堂教学活动以及日常观察中与学生进行沟通互动，可以对学生进行更加全面的认知，能够从这一过程中了解到更多常规测验无法了解的东西，如学生之间的性格差异、学习过程中遇到的障碍等。具体而言，观察法包括自然观察、选择观察以及实验观察等诸多形式，而观察记录方法也是具有多样化的。如设计观察表格就是一种比较有效的方法，教师可以利用表格来记录学生在学习过程中，知识、技能、情感等诸多方面的变化，具体的观察项目可以预设在表格中，也可以随时更换。此外，表格还可以和学生档案放在一起或者直接张贴到教室墙壁上面，使学生能够随时看到自己的进步和成就。再如记录清单法，是教师通过观察与记录来收集评价学生过程中用到的资料的主要方法。教师可以以教学目标和要求为基础，把其中具有重要价值、学生应完成的任务和达成的目标置于一个清单里面，然后通过观察或者和学生进行沟通交流等手段，对学生的进步情况进行判断，并记录下来，从而随时掌握学生的进步情况。除上述两种方法以外，教师在收集评价资料的时候还习惯利用描述记录法进行，即将通过观察或者交流了解到的能够反映学生进步和成长的东西记录下来，通过微观的视角来关注学生的成长和发展。

3. 课堂评价

在学校教育中，学生一天中的多数时间都是在课堂教学中度过的。因此，课堂教学中学生的主要表现，尤其是学生的课堂收获都是对学生进行学业成绩评估的重要内容。具体来说，课堂评价主要包括三种形式：第一，教师在课堂教学活动中通过提问、引导学生合作探究等方式来观察学生的表现；第二，通过设置一些比较简单的测试题来获取相关评价信息，教师可以围绕教学目标和重难点内容来布置一些问题给学生，让其在下课前几分钟解答，以此掌握学生的课堂学习状况；第三，通过微型问卷形式调查和获取学生的相关信息。

4. 学生自我评价法

在教师指导下，学生可以对自己的学习情况进行比较客观的评价。学生在历史学习过程中，对自己的进步、成果以及不足等加以记录，通过自我评价，对自己历史学习的优点及不足等状况有较为清楚的了解，可以加深学生对自己的认识，有助于学生认识学习目标以及控制学习进程，增强历史学习的责任感。

三、对教师的评价

很长时间以来，在评价初中历史教师的时候，都是通过鉴定管理型评价进行的，也就是通常所说的终结性评价。不仅操作非常困难，而且容易形成同行相轻等局面。近些年来，在教师评价改革方面的投入虽然有所增多，但是受评价理念比较滞后、操作程序与结果存在明显缺陷和不足等因素影响，针对初中历史教师的评价仍然存在一定问题，如评价者和教师之间缺少必要交流、师生之间缺少交流、教师对于教学评价的热情没有得到充分调动等。

20世纪80年代末期，英国一些学校开始利用发展性评价方法对教师进行评估。发展性教师评价的主要目的是推动学生主体性发展，在评价者和评价对象之间构建彼此信任的关系，教师积极参与双向互动的教师评价。在这种评价中，教师能及时纠正自己工作中的缺点，发扬自身的优点，促进自身的不断发展，可使教师通过内心的体验，调整自己的工作方向和目标，效率化地开展走向成功的教育教学活动。

（一）发展性教师评价的指标体系

初中历史教师评价的内容和标准为：应从对教师教学的评价和对教师素质的评价两个方面进行。对教师教学工作评价的内容和标准见表5-1。

表5-1　对教师教学工作评价的内容和标准

评价内容	评价标准
教学的准备	对授课内容和授课对象都有深入了解，了解这门学科的组织结构、同其他学科的联系以及在实际生活中的应用 有效地准备教案，树立以学生为本的意识；制定每学期的教学提纲、教学目标、教学日历和教案，确定教学重点和难点；设计能使学生积极参与思想碰撞、师生之间产生互动效果的教学过程 教学材料能帮助所有的学生掌握课程内容。收集丰富的教学资源，包括多媒体、图书馆资料和技术等。使材料同课程目标、学生需求以及学习方式相匹配
课堂管理	要有清晰的标准来判定学生的良好行为，使师生之间互相尊重和具有课堂管理安全感。通过公正、礼貌和关心来赢得尊重和建立融洽的师生关系，为学生学习和参与创造一个积极的环境，帮助学生树立信心和责任感
有效方法	与学生交流学习目标，提出对学生的期望；能够实施适当教学技能激发学生的学习动力，并使之积极参与学习过程；培养学生的独立意识，引导和帮助学生全面完成历史课程标准在知识与能力、过程与方法、情感态度与价值观等方面的学习目标
检测评估与后续活动	能够自始至终检测学生的学习；对学生学习进行公平有效的评估；利用有关评价的信息，及时调整教学方法，不断提高教学质量；对没有达标的学生采取有效的措施，对有发展潜力的学生予以帮助

对教师素质的评价从表5–2中就可以看出。

表5–2　教师素质评价表

评价内容	评价标准
职业道德	1. 热爱教育事业，热爱学生 2. 积极向上，具有奉献精神 3. 公正诚恳，具有健康心态和团队精神
了解、尊重学生	1. 能全面了解、研究、评价学生 2. 尊重学生，关注个体差异，鼓励全体学生充分参与学习 3. 进行积极的师生互动，赢得学生的尊敬
教学设计与实施	1. 能够确定教学目标，设计教学方案，使之适合学生的经验、兴趣、知识水平、理解能力和其他能力发展的现状需求 2. 与学生共同创设学习环境，为学习提供讨论、质疑、探究、合作、交流的机会 3. 积极利用现代教育技术，选择和利用校内外课程资源
交流与反思	积极与学生家长、校长、同事交流和沟通，能对自己的教育理念、教育教学行为进行反思，并制订改进计划

（二）教师自评

教师自评可以通过别人对自己的评价、与他人的对比和自我分析的途径进行。与他人比较就可以看到自己的形象，可以看到自己教学水平的档次，这种比较就是形成自我评价的基础。自我分析就是把自身的行为和结果，用社会所认可的价值标准和自我目标来衡量，形成自我判断、自我评价的结果。根据别人的意见自评时，要判断他人的评价准确性及价值尺度，以便形成科学结论。自我分析还包括教学反思，这是反思自己求得进步的重要环节。自我分析时要把握好价值尺度，抓住主要问题，正确评价自己的不足和成绩。

（三）教师他评

教师他评主要包括：学生评价、领导评价和同行评价等。学生是教师的教学对象，他们对教师的教学效果有直接的体验。因此，学生理应成为评价教师的主要参与者。学生评价教师教学自20世纪70年代以来便一直为世界许多国家所重视。对于如何评价教师的教学情况，钟启泉等著的《基础教育课程改革纲

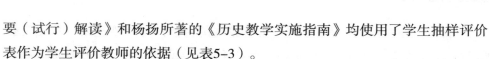

要（试行）解读》和杨扬所著的《历史教学实施指南》均使用了学生抽样评价表作为学生评价教师的依据（见表5-3）。

学校领导对某个教师的评价具有权威性，影响较大。学校领导对教师的评价结论往往由校领导、教研组长、年级组长等通过听课、学生作业、教师教案和召开座谈会等形式得出。学校领导应综合分析多方信息，及时将他评结果反馈给被评教师，并听取被评教师的意见，切勿草率下结论。

表5-3　学生抽样评价表

受评学科：　　　　　　　　受评教师：　　　　　　　时间：　年　月　日

项目	等　级				
	非常赞成	同意	一般	不同意	反对
1. 备课认真、充分					
2. 讲课能激发学生的兴趣					
3. 常用举例的方式讲解，条理清楚					
4. 随时和学生讨论问题					
5. 没有体罚或歧视行为					
6. 对学生比较真诚、热情					
7. 布置、批改的作业，学生是满意的					
8. 每一堂课学生都有收获					
9. 经常研究与教育教学有关问题					
10. 上课无迟到、早退、拖堂现象					
11. 欢迎该教师继续给我们上课					

同行评价在教师教学质量评价中有较大的价值，可以创造出一种促进教师专业发展的氛围。同行评价是建立在经常性听课课堂观察和分析反馈基础上的，是对教师的长期性关注，对教师的评价是动态的、客观的，对促进教师的成长进步具有较强的有效性和权威性。教师要客观分析同行的意见，避免产生矛盾和隔阂。

初中历史教师还应重视家长评价，尊重他们的意见和建议，注意加强同他们的沟通。

四、对课堂教学的评价标准

一堂好课的标准，在于随着时代的发展而不断变化。下面这两个课堂教学评价表（见表5–4、表5–5）具有代表性。

陈伟国、何成刚在《历史教育测量与评价》一书中采用的初中历史课堂教学质量表，见表5–5。

表5–4　课堂教学评价表

项目	子项	评价要素	权数			得分
教学目标	基础性	符合课程标准、教材基本要求和学生发展实际	5			
	全面性	知识与技能、过程与方法、情感态度与价值观要求明确具体	6			
	发展性	"保底不封顶"，促进个性充分发展	4			
教学内容	结构化	突出基本概念、原理、方法的支撑，结构合理，结构化联系紧密形成网络；内容选择价值性强，有操作模式的生成与示范	10			
	问题化	展示知识"再生产"、问题解决过程和学生思维问题化过程，发展学生的认知结构；问题设计具有启发性、思辨性，内容呈现层次分明，构成有意义的问题序列	8			
	经验化	将经验化内容学习置于学生经验之上，联系社会与生活实际	7			

续 表

项目	子项	评价要素	权数				得分
教学活动	活动情境	教学情景新颖，情趣共济，唤求知，促求成；活动情境以问题为中心，吸引学生积极思考，主动探求师生关系民主和谐，教学场景宜人	9				
	活动运作	活动设计科学得体，活动组织生动活泼；组织形式灵活多样，合作交往渠道畅通；评点适宜，调控到位，有良好的教学导向与教学机制	11				
	活动效果	学生注意力集中，思维活跃，学习能力得到提高；认知过程、体验的目标达成率高；教学相长，促进发展	12				
	活动体验	学生积极主动参与，情绪饱满，情感愉悦，思维活跃，学有所得，体验成功	8				
教师基本功	语言	语言精炼，教态亲切，感召力强	5				
	板书	工整规范，结构合理，富有启发性	5				
	手段	媒体、方式选用得当，特色鲜明	5				
	技能	教学技能娴熟，独具特色	5				

表5–5　初中历史课堂教学质量表

评课项目	评课内容
教学态度	按时上下课，严格要求自己和学生；教学准备（教具、教案、设计）充分、板书合理工整；教学有激情，对学生课堂作业进行指导
教学目标	"三维"教学目标明确层次清楚，适合学生认知发展；学习目标明确，体现史学以史为鉴、借史启智、学以致用的功能
教学内容	讲授知识正确，重点难点突出；在动态中引导学生把握体验历史；教学内容突破历史教科书内容的束缚，注意历史学科与其他领域的适当联系；体现传授知识、能力培养与塑造健康人格的和谐统一
教学过程	整体设计合理，环节紧凑，层次清晰；教学形式、方法、手段符合内容要求，方法灵活，运用多种教学手段，效果好；双方活动安排合理，体现教学艺术，气氛活跃

续 表

评课项目	评课内容
启发式探究性教学	善于提出问题，科学、合理引导学生，促进学生思考；分析问题角度灵活，从多种方向引导，效果好
学习方法指导	注重学生收集、处理和利用信息的能力，以及提出问题、研究问题和解决问题能力的培养；因材施教，指导得法；创设问题情境，促使学生自己解决困难和疑惑，达到教学统一、和谐
教学用语	语言生动，通俗易懂，体态语恰当；普通话科学性、准确性高，口误少
多媒体辅助教学的运用	操作熟练、规范，效果好；紧密配合教学目标的实现；避免出现喧宾夺主、华而不实的现象
师生双方互动	师生双方配合默契，学生主动参与率高，课堂气氛活跃；学生主体地位与教师主导作用相结合，教师与学生活动针对性强，教学效率高

该表所显示的评价项目比前表的进步之处在于，不仅要求教师在"传道、授业和解惑"过程中的练达和精彩，更强调要落实在作为学习行为主体的感知、感觉、感受程度——"三维目标"的达成度。新课程改革中，一堂好课不仅看教师的讲授和演示，更要看教师的活动如何引起学生的活动。学生在课堂教学中的参与程度，在一定意义上决定了一堂课的成功与否。

第三节　初中历史课程教学方法评价

一、传统初中历史教学评价的不足

（一）评价主体错位

在传统的初中历史教学活动中，教学评价主体通常都是学校、教师等较为权威性的角色，学生在评价活动中始终处于被动状态，扮演着被评价对象的角色，成为教学评价中的客体。从这种评价的本质属性来看，具有非常明显的"他评"特征，学生在评价活动中的主体作用无法充分体现出来，导致初中历史教学评价活动不够科学合理，而这种主体错位也引发了一些问题。

第一，在初中历史教学评价活动中，学生的主体作用没有充分体现出来，主体地位没有受到应有的重视。在新课程改革不断深入的背景下，教师在开展教学评价活动的时候，必须强调学生的主体地位，激发其主体性作用。但是在传统学校教育中，学生仅仅是被评价对象，始终作为一个客体处于被动的状态。这直接导致学生的自尊心、自信心、价值取向、自主性、品格素质等都无法得到较好的尊重和保护，形成和出现的一些个性化行为，也往往被教师以及家长无法理解甚至排斥。如此时间一长，学生对于历史知识的学习兴趣和欲望就会慢慢降低，对于教学评价活动也会越来越畏惧，甚至因此产生厌学情绪。与此同时，由于学生无法主动参与到教学评价中，因此教学活动中教师发现的问题和缺陷往往带有明显的片面性，也导致教学评价的功能无法充分发挥出来。

第二，评价主体错位会对师生关系产生干扰。传统的教学理念认为，教师在教学活动中处于主导地位，是教学活动中的权威，因此对教学进行评价是理所当然的，而学生作为教学活动中的客体，自然是扮演被评价对象的角色。

如此一来，师生之间便会形成一种非常突出的师道尊严关系。在这一关系中，由于教师和学生处于不平等地位，因此很容易导致二者之间形成对立，对于师生之间平等和谐关系的发展具有严重的不良影响。此外，在这种教学评价活动中，作为评价主体的教师，对学生进行单方面评价最终呈现出来的结果，必然是带有教师自身主观臆断性的，会影响到结果的科学性和准确性。在初中历史教学中开展教学评价活动，实际上就是推动师生行为、情感等进行有机结合的过程，如果只有教师单方面对学生进行刺激，必然会严重阻碍学生主体性地位的发挥。

（二）评价功能错位

在传统初中历史教学评价中，评价功能存在着明显的错位问题，对于甄别、选拔等功能太过重视，但是评价所具备的改进和激励功能受到严重轻视。就如同筛豆子，总结性评价就是筛子，学生就如同筛子上的豆子，经过评价这个筛子筛选出来的结果仅两种：留在筛子上或被筛下去。前者成为该评价的成功者，而后者很不幸地成为失败者。这种以甄别选拔为目的的评价方式只能是"选择适合教育的儿童"，无法让每一个受教育者发挥自身的潜力，获得学习上的成功。

（三）评价内容错位

在传统初中历史教学评价中，评价内容也存在明显的错位问题，无论是教师还是学校，抑或是家长，都将学生的学业成绩作为评价的全部，忽视了学生综合素质的全面发展。在《基础教育课程改革纲要（试行）》中有内容表明，我们需要重视初中历史教学评价中学业成绩的作用，但是不能将其作为唯一标准，不能只将眼光放在成绩上面，教师必须具有一双善于发现的眼睛，能够认识到并挖掘学生多方面潜能，重视学生综合素质的全面发展，从而引导学生更加客观地认识自己，帮助学生建立自尊心和自信心，推动学生健康持续发展。但是从实际的初中历史教学评价开展情况来看，评价活动依旧过于重视智育评价，重点强调学生的知识掌握水平，在对教学评价的价值和作用进行定位的时候，也往往是在选拔和甄别学生上面，或者在学生对历史知识掌握情况上面，这种评价是非常单一且不客观的。在初中历史教学活动中，教师为了帮助学生更加深刻地认识和掌握相应的知识，往往会更加重视基础知识的传授和讲解，重视培养学生的认知能力。与此同时，教师在教学活动中通常会选择压缩教学内容，制定与本部分内容相关的目标，然后对其进行分解，细化为若干个更小、更加具体的目标，从而使学生更好地理解和掌握知识。但是，这种过于重视认知评价而忽视其他能力的评价手段，存在着明显的缺陷和问题。具体来说，主要涉及以下几点：

第一，学术性太过突出，会影响学生的正常认知。例如，教师在设计历史试卷的时候，往往会将自己的一些独特见解置入其中。如此一来，学生在面对历史试卷的时候，不仅要对历史发展的真正面貌有一定的认识与了解，而且需要解读出题者的思想情感，大大增加了学生的认知和理解难度。

第二，单一的评价活动导致学生只是将目光置于历史知识的学习和掌握上面，不利于学生其他方面的发展，也不利于学生未来更好地适应社会。在传统的初中历史评价开展过程中，学生的历史知识学习与掌握情况，始终是作为一个突出重点发挥着重要作用，这一点是符合我国早期智育发展目标的。但是也有非常明显的缺陷之处，即单纯注重智育，就必然会忽视学生德、体、美等其他各个方面的进步和发展，对学生未来进入社会产生较大的挑战。除此以外，从某种程度上来说，如果单纯注重智育也会影响学生学习态度与习惯的转变，阻碍其学习能力的提升以及创新思维与能力的发展。

第三，单方面的知识评价虽然突出了旁枝，但是影响到主干知识的呈现，使得历史教学功能产生一定的弱化。在初中历史教学内容中，中国近现代史是非常重要的内容，能够呈现出我国近现代的发展脉络和概况，有利于学生认知能力的发展和提升。对于国家发展而言，生产力水平都是一个重要的衡量标准，尤其是对我国近现代历史发展而言，更是一个以生产力为标准的时代，能够将我国近现代发展突出呈现出来。虽然在现行的教材和历史指标评价体系中也会突出中国近现代的发展历史，但主要的知识得不到突出。毫无疑问，缺少了主体的知识，就好像少了链接一样，在一定程度上会影响学生对中国国情的深刻认识和爱国主义教育的全面发展。

（四）评价标准错位

传统的初中历史教学评价还存在着一个非常明显的缺陷，即评价标准错位，重量化评价而轻质性评价。在初中历史教学评价中，始终存在着将考试作为唯一评价手段的情况，学生水平的高低也都是由最终的考试成绩决定的。虽然成绩能够在一定程度上将学生的知识学习和掌握情况反映出来，但实际上仍然缺少客观性和全面性，过于强调学生、分数等之间的相互比较，很容易忽视学生个体差异性评价的价值和作用，而且容易给学生带来过重的压力，对于学生的综合素质全面发展具有阻碍作用。

二、初中历史课堂教学评价手段

（一）运用多元评价理念，倡导评价方式多样性

1."多把尺子衡量学生"

在传统教学活动中，成绩是对学生进行衡量的唯一标准和尺度。而在这种教学评价活动中，学生可以说自始至终都生活在成绩阴影里面，日常提及和谈论以及最在乎的只有分数，对于学生健全人格发展和实际操作能力的提升都有一定的阻碍作用。如果教师能够将目光稍微向侧面移动一些，很可能就会发掘出一个其他领域的天才。因此，教师在对学生进行评价的时候必须从整体出发。而想要使之成为现实，就必须改变传统历史教学评价中的考试制度，具体包括以下几点：

第一，把《课程标准》规定的学习目标作为考试的依据。全面、准确地从知识与能力、过程与方法、情感态度与价值观三个维度考查。

第二，考试要与历史学习过程密切相连，接近现实生活。

第三，考试的方法灵活多样。

第四，考试要把握好学生中心地位的思想，发挥能够促进学生学习和学生发展的功能。

第五，确保考试的信度和效度。

此外，作为一名初中历史教师，必须要热爱生活、热爱学生，要公平公正地对待每一个人。简单来说，教师应该给予学困生足够的肯定和关怀。实际上，很多学困生并不是不喜欢学习，他们相较于优学生而言可能更喜欢学习，但是受知识水平限制和教师态度的影响，容易产生自卑和不自信等情绪，进而影响其学习效果。为了避免这一问题出现，教师必须给予学困生更多关注，在开展教学活动的时候，应该努力做到以下几点：

第一，要公正客观地对待每一位学生。作为一名教师，必须树立人人平等的观念，无论是对待成绩优异的学生还是对待学困生，也不管是态度还是思想等方面，都应该保持一个平等的心态。因此，教师对于学困生的心理特征和

学习需求等都要有一个比较客观的认识，如此在开展相应工作的时候，才能够更加容易和方便。教师在对待学困生的时候，如果无法掌握妥当的方式，那么在应对和解决问题的时候就很容易导致所有问题和疑点都集中到学困生身上，如此一来他们就容易产生"自己是学困生、是差生"的想法，如果教师仍然对其不理解或者不关注，这部分学生就会逐渐失去学习的兴趣和动力，甚至开始厌恶学习。相反，教师如果可以降低自己的身段，将自己和学生摆在同样的位置，融入他们的群体当中，成为他们的朋友，了解他们的学习困难和问题，给予其针对性指导，激发其学习欲望和动力。有相关研究表明，在课堂教学活动中，教师如果能够对学生进行民主管理，那么对于学生的学习和发展就有推动作用；如果将自己摆在权威地位或者对学困生不管不顾，就必然会导致这部分学生无法获得健康发展。

第二，评价过程中应该由教师、家长以及学生协同配合。想要推动学困生的进步和发展，不仅需要教师努力，家长也应该积极主动地参与其中。在学生其他比较优秀的方面，家长应该给予其积极和肯定的鼓励。这样一来，他们就会形成一种被人重视和认可的正面感受，并且会积极主动地与教师、家长进行交流。此外，家长还应该将学生在家的学习状况、社交状况等及时与教师进行互动和沟通，和教师一起来应对学困生身上存在的问题和不足。

第三，教师应该认识到每个学生的优势和个性，并通过适当的手段推动其表现出来。例如，在进行文化史学习的时候，可以引导学生各展所长，组织学生开展如书法比赛、音乐比赛等活动，激发学生的学习兴趣，挖掘学生的潜能，从而强化学生的自信心和自尊心。

2. 重视对学生的二次评价

在新课程改革不断深入的背景下，教学评价提倡的一个重要理念就是"评价不是为了证明，而是为了改进"。以自我评价为例，学生通过自我评价能够更加清楚地认识到自己参与了什么活动、在活动中的表现如何、是否和评价标准之间存在差距、差距大概有多少等。这种差距在评价标准的基础上完成内化以后，就可以直接激发学生的学习动力和欲望，为学生调整自己的学习行为和手段等提供支持。此外，也有利于控制与评价标准不符的行为和内在动机，有利于深化符合评价标准的行为和内在动机，从而推动师生共同发展。受文化环境、家庭背景、知识储备等不同条件的影响，学习过程中的每个学生都存在着比较明显的差异。因此，学业成绩各不相同是很正常的，也是教学实践中无法避免的。教师一定要对学生有耐心，及时给予学生适当的鼓励，期待并相信他们能够取得良好的成绩。想要完成这一点，教师就必须对学生进行二次评价，并且要对其有足够的重视。具体而言，初中历史教师应该适时地鼓励学生，引导其努力进行历史学习，这样时间一长，随着学生历史学习兴趣和认识水平的不断提高，以及学习手段的不断深化等，能够更加顺利地完成相关学业。在具体的初中历史教学实践中，教师在对学生进行评价的时候就可以适当地推迟，如果学生对自己本次的成绩不满意，那么就可以向教师申请再次测验，在学生通过自己的不断努力将试卷内容改正和完善以后，教师就可以对学生进行一个客观和公正的二次评价，并向其提出一些可靠、有利于进步的建议。这种推迟评价的手段，在一定程度上淡化了选拔的功能，有利于学生的纵向发展。尤其是对于学困生而言，这种评价手段为其提供了努力学习的机会，能够使他们感受到取得成功的喜悦之情，进而再接再厉地取得进步。

（二）科学合理的作业评价，提升学习能力

1. 预习检查，赏罚分明

在整个教学活动中，课前预习是一个非常重要的环节，尤其是对于初中历史教学而言，更是发挥着至关重要的作用。从当前初中历史教学活动的开展现状来看，其课时量相较于其他学科偏少，新教材中涉及的内容涵盖范围更广，对学生的要求更高，因此单靠有限的课堂时间是很难顺利完成教学任务的。而且如果学生对基础知识缺乏了解，教师在开展教学活动的时候，也很难对知识进行深化和扩充，如此一来便会导致无法对学生进行高层次能力的培养，出现课堂教学中"知识讲不完，学生饱不了"的情况。由此可见，引导学生进行课前预习是非常必要的，而且布置给学生的预习任务也不能草草应付了事，应该将其渗入课堂教学活动中，及时对学生的预习情况进行检查，了解他们在预习活动中存在的困难，并及时给予学生有效的信息反馈，适当调整课堂教学活动，如此还能够帮助学生查漏补缺，从而推动学生的发展。

此外，对于学生课前预习任务和作业完成情况的检查，笔者认为可以从时间角度进行，即对学生的作业完成情况进行课前检查、课中检查以及课后检查。具体来看，所谓课前检查，就是在正式开展课堂教学活动之前，对学生的预习情形进行必要的了解和检查，因为课前时间相对来说是比较充足的，因此教师可以对学生的预习情况进行一个比较简单的口头分析，根据学生的实际预习效果来适当调整教学计划和进步；所谓课中检查，即教师在实施课堂教学活动过程中，实时对学生的预习情况进行检查，例如对于某一历史事件的重点或者某一名词的解释，教师就可以让学生根据自己的预习情况进行回答；所谓课后检查，就是教师引导学生依据课堂活动中掌握的知识，进一步发现并解决学生在学习后存在的问题，这种检查虽然比较晚，但也是不可缺少的，对于教学效果的提升具有重要的推动作用。

总而言之，检查手段具有明显的多样性。因此，教师应该根据实际情况合理应用。对于在课前预习中表现较为优异或者进步比较大的学生，教师一定要给予肯定和鼓励，激发其学习动力，使其能够更加努力地投入学习。而对于那些预习不够认真或者效果较差的学生，教师应该及时帮助其找出不足，并对其进行善意指导和说服，以免影响其学习积极性的发挥。

2. 精心布置历史作业

在传统历史课堂教学活动中，教师给学生留下的历史作业往往是非常枯燥而且单调的，不仅无法激发学生的完成欲望，而且教师也常常会非常无奈，这样就直接导致历史学困生越来越多。再加上一些教师对学困生不够重视，使得整个学习过程出现恶性循环。要想改变这种状况，教师必须充分认识到作业的价值，精心布置历史作业，激发学生历史学习的兴趣和欲望。此外，通过历史作业，教师也能够更加精确地了解学生的学习情况。

在初中历史教学活动中，通过精心布置历史作业，并对其进行深入分析，这种评价方法的应用是比较广泛的。对于教师而言，作业是由其布置并进行批改检查的；对于学生而言，通过完成作业，能够更加深刻地理解和掌握课堂活动中的知识。也就是说，作业其实是师生之间进行双向互动的一个重要环节。因此，教师在采取这种评价方法时，给学生布置的作业应该是依据教学内容深思熟虑的结果，并且要考虑到学生对作业有兴趣这一因素。在编排题目的时候，教师也要掌握一定的技巧，遵循一定的规律，如从易到难逐步提升，或者设置和学生的日常生活比较接近的题型，等等。如此一来，教师在检查和评估作业的时候，就能够更加准确地判断和掌握学生对于知识的实际掌握情况，也能够更好地把握学生的创造力水平，还可以更加准确地对学生的学习态度和学习动机等进行评判。

（三）注重鼓励性评价

作为课堂教学活动中的评价主体，教师对自己的教学行为、学生的学习行为以及课堂教学效果，都有评价的权利和义务，而且评价的积极性，对最终的评价效果有直接影响。因此，确保评价主体的积极性在推行评价改革的过程中有着非常重要的作用。

所谓鼓励性评价，就是教师在对学生进行评价的时候采用鼓励性的语言和方式进行。鼓励性评价对于保护评价对象参与评价活动的积极性有着重要的意义。具体到初中历史教师，要从以下三个方面践行：

第一，初中历史教师必须时常对自己的教学行为进行评价和反思，要时刻关注新课程改革中出现的成果，并且始终严格要求自己。在反思过程中，不能只看到自身存在的缺陷，而且要看到自己获得的成就，并积极上报，获取自己应得的奖励，从而始终保持评价积极性。

第二，针对学生的学习行为进行评价的时候，不仅要关注学生成绩的好坏，而且要关注学生心理、情感等方面的变化。在课堂教学活动中应该多多利用鼓励性语言评价学生，尽可能地少批评学生，维护其自尊心和自信心。

第三，在评价课堂教学活动和获得的成果时，教师应该多进行对比和反思，全面系统地看待课堂教学，不仅要看到存在的不足，而且要看到其优势，对于获得的良好成果应该给予肯定。

（四）三维目标评价方法

评价内容是否全面系统，对于是否能够获得权威且科学的评价结果非常重要。新课程改革提出三维目标评价体系，包括"知识与技能""过程与方法""情感、态度与价值观"三个维度。而建构这一评价体系是新课程评价改革的一个要求。

初中历史教材中包含着丰富多样的教育资源，在落实情感目标方面，初中历史教育有着明显优势，历史教师在开展相应的教学活动时一定要将这一优势充分发挥出来，深入挖掘教学素材，尤其是人格方面的教学素材。如此一来，便可以使历史人物穿越时空，在历史课堂教学活动中和学生展开对话，引导学生树立高尚情操和人格素养，从而顺利完成情感目标教育。由此可见，三维目标评价体系对学生而言有重要的推动作用。在传统的历史课堂教学评价中，教师往往只关注和重视学生的历史知识学习情况，评价活动的开展也只是为了更加准确地了解学生的知识掌握水平，使得历史学科在推动学生综合素质全面发展中的作用无法发挥出来。

在新课程改革中提出的三维目标评价体系，不仅要求教师重视对学生知识掌握和技能水平的掌握，而且要重视在"过程与方法""情感、态度与价值观"等方面的作用。依据这一评价体系的要求，历史教师必须重视对学生在人类政治领域发展过程中，形成的情感和价值观等方面的历史评价。

（五）定性评价与定量评价相结合

定性研究与定量研究是教育史上争论不已的话题。这两种研究方式各有长处和短处，对于大多数研究而言，这两种研究方式都是必要的，历史课堂教学评价的研究同样如此。历史学科具有浓厚的人文色彩，也决定了单纯只有定量研究方法是行不通的。因此，采用定性的研究方法，对于历史课堂教学评价来说是必要的。定性研究主要包括访谈、观察等方法，合理的定性研究对于深入发掘历史课堂教学评价规律、把握评价本质、提高评价效益有着相当重要的意义。然而，定性研究没有固定的线路、模式可循，相对于定量研究更加难以把握。正所谓难度与收益成正比，定性研究如果把握好了，对于揭示课堂教学评价的真实情况，帮助教师、学生、课堂得到科学合理的评价，具有十分重要的作用。正是基于此，定性研究必定会越来越受到研究者的重视，未来历史课堂教学评价必定会顺着这一趋势发展下去。

第六章

初中历史教师的创新与转型

第一节　新课改背景下的初中历史教师

一、当前初中历史教师角色定位中存在的问题

（一）教师教学观念的陈旧

新课程改革的不断深入和发展，要求教师必须充分发挥自己的引导作用，要重视学生的主体地位，充分利用课堂教学活动的优势，激发学生的主观能动性，引导学生进行自主学习和思考。但是，受传统应试教育活动影响，一些初中历史教师的教学理念和实践依旧没有完成整合，理论与实践脱节问题比较明显，无法满足新课程改革背景下历史教学的要求，不同程度地存在着教学活动与课程理念偏离的问题。具体而言，主要表现为以下几个方面：

第一，初中历史教师传统陈旧的教学理念没有发生变化，依旧是重视知识传授而轻视学生的发展。从当前的初中历史教学活动的开展情况看，一些历史教师教学观念并未发生改变，依旧认为开展教学活动的本质就是将相应的知识传递给学生，而学生的主要任务就是学习和掌握这些历史知识。他们认为学生需要掌握的历史知识，就是教学大纲和教材上面涉及的重要内容，认为教学活动的开展应该以考试范围为准，只有考试范围中的历史知识才是重要的，才是需要在课堂教学活动中进行讲解的，才是需要学生学习和掌握的，而其他内容都是次要、可有可无的。这也导致教师在开展课堂教学活动的时候，遇到教材中未涉及的知识点就直接以超纲的名义略过，将知识权威化和片面化，严重影响历史教学在推动人类生命意识与人格力量形成过程中作用的有效发挥。受历史课程特殊性的影响，教师传递给学生的均是前人的事迹或者成果，让学生学习和掌握的是前人的成就与历史事件的重要意义，主要是引导学生体验前人的经历，而很少给学生提供进行自我认知和选择的机会，最终导致的结果就是知

识内容越来越专业化，难度越来越高，学生产生的疑惑和问题越来越多。

第二，课程观念依旧趋向于僵死的学科理论。人为地割裂了历史教学与学生发展之间和历史教学与学生实际生活、社会生活之间的内在联系，使得学生出现学习目标单一、知识学习单一、考试分数为先的课程认识。学生只是背诵教科书所传授的知识，而不是对历史的整体把握和深刻认识。

（二）教师知识结构的欠缺

新课程改革要求教师必须通过不断学习来强化自己的知识系统与结构，以便更好地适应教育教学活动发展变化的需求。很长时间以来，初中历史教师的知识结构都存在着一定的缺陷，即使是在当前新课程改革不断深入的背景下，历史教师也仍然有很长一段路要走。具体来看，历史教师知识结构中存在的不足和缺陷主要表现，为固定的史实和结论过多，且和其他学科知识之间的联系较少。此外，这种知识结构具有明显的静态性和固定化特征。而对于具备这一知识结构的教师而言，在获取和更新自己的知识结构时通常都比较消极地依靠外部给予和补充。甚至有一部分教师，尤其是任教时间比较长的教师，受应试教育理念影响，不喜欢接受新事物，在开展教学活动的时候，自始至终围绕一本教材进行，对于教材以外的相关知识和其他相关学科的知识了解甚少。一些历史教师的知识学习和积累，都是消极地通过各种教研活动、专家讲座等完成的，甚至存在教师将拿来的知识直接现卖的情况。这种知识结构在传统灌输式教学活动中比较适用，但是如果在新课程改革背景下教师依旧如此，那么必然会阻碍初中历史课程教学效果，对学生综合素质的全面发展产生阻碍。

（三）教师研究意识和研究能力的缺乏

从教育科研方面来看，有相关研究表明，很多教师都认为初中教师的教育研究工作，就是其在实践活动中对自己掌握的理论内容进行验证。有学者在北京这一水平较高的地区对教育科研能力进行调查，结果表明，在被调查的40多位中学历史教师中，未承担过任何科研项目的教师占46.7%，没有公开发表过相关文章的教师有53.5%。而北京的教育水平在全国教育水平中是处于第一层次的，由此可见其他地区尤其是落后地区的教师科研水平。究其原因，初中教师的教学任务一般都比较重，因此科研时间较少，再加上历史教师外出参加培训和交流的机会比较少，获取知识的时候大多都是通过互联网或者书本完成，缺乏系统性，导致历史教师缺乏科研意识，科研能力偏低，这是当前背景下初中历史教学普遍存在的一个问题。

二、新课改背景下初中历史教师的胜任力

（一）知识素养

对于初中历史教育而言，教师想要胜任历史教学这一岗位开阔知识视野、系统完整的知识结构以及丰富全面的知识储备是必须具备的知识素养。总体来看，历史这一学科涉及的知识内容非常繁杂多样，包括政治、经济、教育、艺术、地理、军事等各个领域的内容。因此，要想使教学活动取得一个较好的效果，初中历史教师必须要不断完善自己的知识结构，丰富自己的知识储备，系统全面地掌握古今中外与教学内容相关的知识。此外，教师还应该对历史发展脉络有一个清晰的认识，对历史知识的结构框架有一个准确的把握，对历史研究的成果以及趋势等有一定的认识，并且具有一定的历史理论涵养。

对于任何人而言，学习都是其获取所需知识、提高自身素质的一个主要途径，"终身学习"这一理念已经得到了大众认可。对于初中历史教师而言，积极主动地投入知识学习和汲取的过程中，是提高自己的知识素养、完善自己的知识结构和体系以及推动自身专业发展的重要手段。由此来看。初中历史教师应该从教学实际出发，准确把握历史学科的知识体系，通过不断学习来建构和丰富自己的知识储备系统，从而不断提高自己的专业素质和能力。教师是一个专门进行人才培养的职业，因此从事初中历史教学的教师，必须具备一定的教育教学方面的理论知识，并且能够从学生的实际情况出发，结合历史学科特点，有针对性地培养学生，使每一个学生都能够获得进步和成长。初中历史教师还应该掌握一定的教育学、心理学等方面的知识，不仅可以推动教师自身专业发展，而且有利于其教学能力的提升，从而更具针对性地激发与调动学生的学习兴趣和欲望，引导学生进行自主探究学习，使历史教学能够获得一个令人满意的效果。除此以外，初中历史教师要想使教学活动生动有趣，也需要不断通过读书或者其他方法丰富自己的知识体系，不然就很容易陷入故步自封的境地。如浏览和学习史学原著便是教师扩展自己的知识面、丰富自己知识体系的一个重要途径，不但能够强化其教学能力，而且可以发展其史料分析与历史思维能力。

（二）教学技能

从教学技能方面来看，初中历史教师要想胜任这一岗位，应该具备提升课堂教学活动有效性的能力，整合与统筹教学资源的时候，应该能够保证思路清晰，在把握教材重点和难点内容的时候，应该从学生的认识水平和特征出发，如此才能够更好地在课堂上将历史面貌还原出来。与此同时，教师在讲述历史知识的时候还应该紧跟时代，结合社会热点，使历史靠近现实，从而引导学生更加客观和具体地对待历史事件。在进行教学活动的时候，教师应该提前制订有效合理的教学目标，从历史知识自身特点与属性出发优化设计，在课堂教学活动中强化学生的知识生成，活化课堂管理，课后进一步深化教学反思，结合出现的问题与不足细化知识储备。对于一个历史教师而言，要想开展一节高效的课堂活动，在课堂教学活动之前，就应该将每一个环节都认真地推演一遍，将自己的备课打磨一遍；在完成课堂教学活动之后，应该立刻进行总结与反思，找出其中的不足及时改正，找出其中的高质量环节继续保持。在课堂教学活动的各个环节中，反思对于教师的成长和专业发展具有相当重要的作用，教师只有不断对自己的教学活动进行反思和总结，才能够推动高效课堂教学顺利实现。

对于初中历史而言，由于其属于考查科目，在中考时，要么是开卷考试，要么直接不参与其中，因此很难获得学校和社会的关注。在这样一个社会现实中，一些初中历史教师很容易形成职业倦怠，反映到课堂教学上面，就是无法实现高效课堂目标。在这种情况下，历史课堂教学活动便成为单纯的念书课。如此一来，学生就很容易形成讨厌历史课的心理。这种历史课堂教学活动不仅无法高质量完成既定的教学任务。而在新课程改革不断深入的背景下，初中历史教师除了要将历史知识传授给学生，还应该培养和提高学生的想象能力、创新能力以及实践能力等，激发学生历史学习的兴趣和欲望，为学生建构个性化和活跃的学习氛围。因此，在初中历史课堂教学活动中，教师应该充分调动学生的积极性、主动性和学习欲望，采取恰当的方法，引导学生对历史知识进行自主探究，从而获得高效的历史课堂教学活动。除此以外，历史教师还应该重视学生的情感体验与人格培养，依托丰富多样的历史课程资源，以学生未来发展为出发点与落脚点，关注学生能力培养与思想发展的全过程。

(三) 道德素质

百年大计，教育为本；教育大计，教师为本。作为人类灵魂的工程师，教师不能仅仅是一种谋生的手段，更是一种社会责任、一种历史使命。时代发展与社会进步，对初中历史教师的道德素质提出了新的要求：全心全意热爱教育事业，兢兢业业，踏踏实实；关爱学生，在向学生传授知识与技能的同时，关心学生思想道德修养；为人师表，严以律己，做学生最直观的榜样；严谨笃学，敬业进取，立足本职岗位，为教育事业做贡献。

我国现在正处于社会快速转型期，个人价值取向日趋多元化，精神文明建设领域中不可避免地出现了一些新的问题，功利主义倾向在一定程度上影响到了教师队伍。加之现今的教育评价标准尚不够完善，学校过分注重考试成绩与升学率，各科教师多把精力放在提高学生成绩上，部分教师对于自身道德素质的认识与提升还有所欠缺。初中历史作为考查科目，在校内校外都得不到应有的关注，容易导致某些初中历史教师基本职业道德的缺失，只是将教师作为一种谋生的手段，而不是一种使命、一种责任。"君子慎独"，当学校、学生、家长、社会都疏于对初中历史教学的监督时，教师自己的自查与自省就显得尤为重要。教师的自查和自省不仅是为了教好书，更是为了学生成长进步与自身未来发展。历史是一种责任，教师肩负使命，如何在培养学生健全人格的同时兼顾学生的个性发展，初中历史教师需要更多的良心与道德。

(四) 育人能力

赫尔巴特在其1806年出版的《普通教育学》中提出"教学的教育性原则"，得到了教育界的普遍认同。教育的根本任务是立德树人。在学校教育中，所谓教书育人，即教师的育人不仅仅是知识和技能上的传授，更重要的是培育人才，这就要求教师在教书的过程中践行育人。值得注意的是，传授知识和培养人并不是一回事，传授书本上的知识仅仅是让学生完成知识的积累，对于把他们培养成一个有健全人格的人来说是远远不够的。单纯的知识积累只会丰富他们的大脑，真正想把学生培养成人格健全的人，就需要教师在课堂上潜移默化地引导。

作为一名初中历史教师，由于其学科特点，本身也担当着引导学生树立正确人生观、价值观的任务。初中教师在讲授历史知识的过程中，通过对具体历史事件的解读、对相关历史人物的评价，就会把自己的思维想法、看待事物的价值观潜移默化地传递给学生。"身教重于言教。"面对可塑性极强的初中学生，为人师表的自觉示范作用，是提升教师育人能力的关键，能给学生最直观的榜样力量。对初中历史教师而言，"育人"不同于"教书"。大多数时候，育人都不需要像传授书本知识一样直接讲给学生，而是需要让学生在不自觉中沐浴"润物细无声"的教化。

（五）成就动机

成就动机，是个体激励自我成就感与上进心的心理机制，是个人追求实现一定目标的内在推动力量，在人格特征外在表现上，是一个人的事业使命感、事业责任感、事业进取心等。作为一种重要的社会性动机，成就动机对个人的工作、学习与生活都有很大的推进作用，是影响一个人事业成功与否的关键因素。就初中历史教师而言，其成就动机就是在完成初中历史教学过程中的一种内在心理倾向，努力在（自己认为）重要的或者有价值、有意义的工作环节中，获得一定成就并力求达到更高境界。一个合格的初中历史教师应该不断提升自己的成就动机水平：摆脱初中历史教学是"副科教学"的偏见，对教学岗位与教育工作有自己的抱负，进而树立对初中历史课程的信心；不断学习进步，提高自身的专业水平，促进自我效能感处于较高水平，科学对待自身的成就需要，制订合理的成就目标激发自我成就欲望；还应在适度的竞争中把握自我展示的机会，增强成功体验、提升工作认同感，促进自我发展意识的激发，培养自己的上进心与进取心，保持对教育成就感的持续热度。此外，初中历史教师对教师岗位应该有更深层次的认识与理解，作为知识的传播者与文明的传承者，历史教学的重要性需要在教学实践与思考探索中不断领悟。在新课程改革的大背景下，初中历史教师以学生为中心，实现历史的社会教育功能与人的发展教育功能有机结合，实现历史与现实的对接，这样才能在初中历史教学中体验工作带来的快乐，体验实现自我价值带来的成就感，进而提高自己的主动性与创造性。

三、新课程改革对初中历史教师能力的要求

（一）历史教师要提升学习借鉴吸收能力

一个人的认识水平、能力是有限的，教学工作是一项不断完善提高的过程。因此，历史教师要牢固树立学习意识，不能满足于已有的教学模式及教学

经验，要与时俱进地和历史教学改革第一线保持无缝对接，及时将各种先进的经验成果转化为自身的教学模式，从而促进历史教学水平的不断提高。在教学工作中，广大教师既要埋头苦干，也要抬头看路，充分学习各地、各学校在历史教学方面研究的新成果、新经验，将其精华吸收融入自身教学活动中。各地在历史教学方面总结出了许多成果，有专题教学方法、讨论式教学、互动教学模式，以及实践拓展训练，等等。这些方面汇聚了教学改革的精髓，符合初中生身心发展特点，与历史学科紧密相连，对提高整体教学水平具有积极的支撑作用。广大历史教师要通过阅读报纸杂志、上网浏览、交流探讨等多种形式，提高自身学习借鉴以及消化吸收的能力，使各地的优秀成果能够汇聚到自身的教学工作中并为己所用。

（二）历史教师要提升信息手段运用能力

随着教学条件的改善，信息技术手段已经融入普通历史课堂，多媒体不再是高大上的教学设备，而成为教学的普通辅助工具。因此，历史教师要强化这一方面的训练，掌握多媒体手段运用的操作细则，学会自主设计和创作教学课件，从而提高信息手段运用能力。一方面，对先进信息化教学各项功能要烂熟于心；另一方面，要能够融会贯通，在成品课件的基础上，设计出符合学生认知、与教学方案相吻合的运用方案，使信息手段在历史教学中发挥更加积极的作用。教师提高信息手段运用能力，还要注重平时的积累，主动参加上级举办的各种培训，并在日常教学中主动运用、积极探索，做到思维创新不刻板。

（三）历史教师要提升课堂有效掌控能力

课堂始终是历史教学的主战场、主阵地，历史教师能力的核心是对课堂的有效掌控，要能够引领学生按照既定计划、步骤，向着最终目标前行。在课堂能力掌控方面，教师要抓住几个重要节点。首先，要注重开展有效的互动，和学生进行信息交流，通过教师提问、学生回答、教师出示思考题、学生分组讨论研究等多种形式，让师生之间的互动变得更加密切。增强了这一方面的能力，教师对课堂的有效掌控将会显著增强。敏锐地观察各个小组学习研究的进度、面临的问题，同时进行点拨指导等。另外，在对课堂一些异常情况的处置方面，也要注重提高掌控能力。最后，教师对课堂的驾驭还要保证教学时间的合理运用，节奏进度符合要求，避免时间没到内容已讲完，或是临近下课教学任务尚未完成。教师一定要掌控好教学的节奏进度，使时间的运用和任务的完成恰到好处。

（四）历史教师要提升资源整合利用能力

历史学科涉及人物、事件众多，时间跨度很长，而且在生活中还留有许多历史发展的痕迹。教师要提高资源整合能力，首先要善于在生活中发掘资源、发现资源，将这些资源与历史教学结合起来。其次，要积极主动地采集资源，进行整合并运用到教学活动中。另外，在教学资源的整合方面要注重拓宽渠道，除了生活中的一些资源外，还要从媒体、刊物、网络等多种路径搜集对教学活动具有支撑作用的资源，提高资源整合能力，让历史教学变得更加丰富多彩。

第二节　初中历史教师的专业素质

所谓专业素质，主要是指从事某一行业的人应该具备的专业知识、技能、水平和相应的方法，并且具备这一行业应该具备的品质。素质是指一个人在社会中所形成的相对稳定的思想以及行为，分为思想道德素质和专业素质。今天我们所要讨论的就是专业素质，并且不是凭空单一讨论，而是讨论关于初中历史教师的专业素质。

对于专业素质而言，自有其特定的文化内涵。作为一名专业的历史教师，需要具备坚实且深厚的历史知识，这是教师进行历史教学的前提条件，没有相应的历史知识，教师的教学工作就难以展开，学生也就难以从中学到系统化、理论化的知识。作为一名初中历史教师，除了坚实深厚的历史知识，还需要与专业知识相对应的才干与素养。俗话说："教师是人类灵魂的工程师。"一个优秀的教师不应当只具备坚实的知识基础，还应该在道德、品质方面做到极致，能够在生活和教学中，凭借自己的一举一动来影响他人、感染他人。试想，作为一名教师，如果只能在文化知识方面教育学生，学生就无法在学校感受到来自精神层面的一种教育与培养，这样的教师教导出来的学生也只是一个空有知识而无高尚的灵魂的人。毕竟精神的感召与文化知识的传授是同等重要的，只有这两点并行不悖，才能使得教师在教育领域稳步前进。

作为一名初中历史教师，首先要具备正确的唯物史观，拥有较高的思想道德素质和一定的个人魅力。正确的唯物史观可以在教师进行历史教学的过程中，帮助学生树立一个科学、严谨的历史观，从而使得学生学会使用历史的观点去看问题、思考问题，进而具备较高的历史素养。较高的思想道德修养，可以使得教师在日常的教学中对学生产生一些潜移默化的影响，提供给学生一些正能量。强大的个人魅力一方面可以有助于教学工作更好地展开；另一方面，可以使教师发挥榜样的力量，从而在思想层面对学生产生积极的影响。

一、历史教师的教育知识

（一）教育知识、教育理论与教育实践

教育知识一词最早见于《教育知识学科称谓的演变：从"教学论"到"教理学"》一文，认为教育知识泛指教育领域的所有系统知识。目前关于教育知识的研究，大致分为两个方向：一是教师授予学生的知识，近于课程内容。课程社会学研究使用的教育知识大多倾向此义，国外如艾普（Apple，M.）、杨（Young，M.），国内如吴钢、洪成文等的研究都执此解。二是关于教育活动的知识，近于教育理论。也有人将教育知识理解为教育学知识。笔者认同后者，因为这种观点将教育知识理解为人们在教育活动和教育研究活动中，运用科学思维和方法获得的对教育性质及运动原理的认识。

关于教育理论，一般认为，教育理论是指人们对教育的理性认识；或者说教育理论是对教育实践经验"经过一定程度的抽象与概括，以简约、纯粹的方式来呈现的，有关教育的理性认识"。教育理论属于教育科学知识领域的逻辑体系。有学者认为，教育理论是通过一系列教育概念、教育判断或命题，借助一定的推理形式，构成的关于教育问题的系统性陈述。

关于教育实践，一般认为，教育实践是人类有意识地培养人的活动。进而有学者认为，教育实践是人们以一定的教育观念为基础展开的，以人的培养为核心的各种行为和活动方式。

通过对教育理论和教育实践概念的分析，我们不难理解二者之间的关系。教育理论来源于教育实践，又高于教育实践，教育理论是教育实践的概括反映。教育理论指导人们的教育实践，推动教育实践的发展。也可以说，教育实践是教育理论的重要来源和终极追求，在教育实践中不断完善教育理论。

教育知识与教育理论、教育实践三者之间是什么关系呢？教育的主体是人，教育知识是教育理论与教育实践的有机结合，是在实践中不断发展和完善的。社会不断变化，人的思维方式和思想意识也会发生变化，不是一成不变的。随着人的变化，我们的教育知识也会发生变化。正如杜威所说："教育自

身以外并无目的。"因此，我们必须要回归到教育本身去，"教育"这个词有三个层面的含义：一是教育行为，二是教育性质，三则是教育的本质。

（二）教师必备的教育知识

笔者认为，初中历史教师必备的教育知识，主要有教育的基本原理、教育管理学、学会教育。首先，必须明确我国教育"培养什么人、怎样培养人、为谁培养人"这一根本问题。2018年9月10日召开的全国教育大会上，习近平总书记以"国之大计、党之大计"两个"大计"高度概括了教育在21世纪的重要地位，强调坚持中国特色社会主义教育发展道路，培养德智体美劳全面发展的社会主义建设者和接班人。其次，要明确教师教育教学行为的特点。教师的教育教学行为具有教育性、服务性、科学性、艺术性、多元性、有序性、创造性、反思性、示范性、后效性等特点。教育不是空中楼阁，作为社会的存在，教育必然与社会生活实践有着密切的联系。在这种联系中，教育春风化雨般地对人产生着细致入微的影响，需要教师明确教育教学行为的特点，根据实际情况灵活处理。最后，学会教育。古人云："开源不亿仞，则无怀山之流；崇峻不凌霄，则无弥天之云。"意思是说，挖掘地下水如果不挖得极深，就不可能涌流出能够环绕高山的泉水；堆土要是不堆到入云霄那样高，也就不会在上面弥散着铺天盖地的浓云。教师的教育教学行为就像这挖水、堆土一样，如果没有独具匠心的设计，不能整体进行优化，就无法极大地促进每个学生的健康发展。古今中外的教育教学理论和方法，都是人们从无数次的教育教学实践之中得来的，都是教育教学艺术的瑰宝，我们都可以借鉴。但他们都有历史的局限、地域的局限、文化的局限、实践的局限，都或多或少有个人因素。因此，教师应该与时俱进、学会教育、大胆实践，找到一套适合学生发展的、具有自身特色的教育教学模式、方法和风格。在教育行为方面，教师可以从教育环境、教育活动、教育方法、师生沟通、家庭教育、学生社团等方面思考如何学会教育。

教育这个词有三个层面的含义：一是教育行为，二是教育性质，三是教育的本质、教育的根源。初中历史教师必备的教育知识，即教育的基本原理、教育管理学、学会教育，就是从教育的三个层面去理解、阐释和运用。"学高为师，德高为范。"教师是学生成长的引路人，中学教师既要掌握必备的教育知识，将理论与实践相结合，同时还要加强自身的职业和道德修养。

二、初中历史教师的学科知识

初中历史教师所要了解和掌握的历史学功能主要有：一是人类社会历史发展的过程和规律；二是在历史记录的基础上，经过整理、鉴别、分析，对历史事件或历史过程所做的判断、解释、说明，探寻历史真相，总结历史经验，认识历史规律；三是认识历史发展，顺应历史发展趋势，充分发挥历史学的重要社会功能；四是传承人类文明的共同遗产，提高公民文化素质。

通过对历史学的学科结构和现行初中历史课程的设置研究，初中历史教师要想胜任历史课堂教学，必须掌握的基本历史知识体系主要有：

第一，掌握中国通史和世界通史的知识。了解中外历史上重要的事件、人物和现象，了解人类社会从古到今、从分散到整体、从低级到高级的发展历程，进一步了解和认识人类历史演变的基本脉络，以及丰富多样的历史文化遗产。要做到这一点，需要教师广泛阅读通史专著。尽管历史专业的教师在大学系统地学习过通史知识，但知识要不断更新。要填补学科的专业知识，可阅读白寿彝著的《中国通史》、袁行霈等著的《中华文明史》等，这些都是初中历史教师必读的书目。

第二，强化学习专题史，了解最新的史学研究成果。教师通过对专题史的学习，进一步了解整体与局部的关系，了解历史学科发展的前沿成果。在此基础上，教师可精选基本的、重要的、典型的史事，为学生提供认识历史的多个角度，引导学生对历史真相进行探究。

三、历史教师的学科教学知识

（一）科学定位教学目标

教学目标是指教学活动实施的方向和预期达成的结果，是一切教学活动的出发点和最终归宿。教学目标有三个层次：一是宏观目标，即教育的培养目标，"是由教育行政部门根据我国国情制定的，对于教育主体所希望达成的结果的设定，即教育活动所要培养人才的总的质量标准和规格要求"，这是对所有学科的共性要求。二是中观目标，即学科课程目标，是一定的教育价值观（教育目标）在课程领域的具体化，主要描述某一学科在某一具体学段课程设置所要达到的目标，带有鲜明的学科特性，在各学科的课程标准中有明确的要求。三是微观目标，即课时教学目标，是指某一具体的教学活动结束后，学生应达到的预期状态，是宏观的共性要求与微观的特性要求的具体体现。教育培养目标的制定者是国家（政府），学科课程目标的制定者是学科专家，课堂教学目标的制定者是教师。

课程标准是从知识与能力、过程与方法、情感态度与价值观三个方面进行目标定位的，三维目标是同一过程的不同方面，具有内在的统一性。知识与能力、过程与方法、情感态度与价值观是一个相互联系、相互渗透的整体，是一个完整的人，在学习活动中实现素质建构的三个侧面，在实际教学过程中，不应该将它们设计为三个环节分别操作。三维目标是学科的课程目标而非教学目标。教学目标是课程目标的下位目标，有不同的层级：由学年（学期）目标到单元（主题）目标，再到课时目标。由于上位目标决定下位目标，教师在确定教学目标时，必须清楚它的上位目标是什么，才能把握住下位目标的基本定位。

教学目标是教学的灵魂，支配着教学的全过程。目前教师在制订教学目标时存在的主要问题是：一是缺乏教学目标意识；二是教学目标缺乏针对性；三是教学目标的程式化，机械地套用三维目标的形式处理教学目标。如何依据课程标准和学情科学设计教学目标呢？首先，要明确课程目标与课堂教学目标的关系，宏观、中层、微观三维目标是一个整体；其次，认真研读课程标准，提炼教学内容的核心价值；再次，分析学生的学习需要，提高教学目标的适应性；最后，细化课标的内容标准，做到可观察、可操作、可测量。

（二）历史课程资源整合的基本途径

教材是学生获取知识的载体，是最为宝贵的教学资源。尤其是现在的新教材，色彩鲜艳，图文并茂，其中的导言、彩图等都是辅助教师教学、激发学生兴趣的帮手。"课前提示""自由阅读卡"都是课改后新增加的内容，是对某一内容的扩充和延伸。长期坚持阅读对拓宽学生知识面、增加学生对所学内容的深入了解有极大助益。

目前学校使用的人教版新编历史教材的教学内容与旧教材相比，内容并不算多，但教学资源却丰富多彩，如导入框、正文、动脑筋、练一练、活动与探究、历史图片、小资料、自由阅读卡等。有效整合利用这些材料，根据具体情况适当地拓展一些资源，设计教学活动，有助于较好地完成教学任务，实现教学目标。下面列举一些整合教材资源的方法。

1. 变简为繁，激发学习兴趣

八年级下册第五单元有一课是《钢铁长城》，它的教学内容比较简单易懂，主要介绍了我国人民海军、空军和导弹部队建设的一些简单情况，因为缺少令人激动的详细素材，学生如果自己看一看、读一读，对我国这几个兵种部队发展历程的认识可能较模糊和肤浅，不会留下什么深刻印象。鉴于此，教师在上课之前，可以先让学生收集我国海军、空军和导弹部队建立与发展过程中的一些事迹、图片等。对于这种军事题材的任务，学生兴趣浓、积极性高，他们课外收集了许多飞机、舰艇、导弹等图片，还整理了大量历史事实，如国产的"飞豹"战机，中国"枭龙""山鹰""天翼""新舟"等亮相巴黎航展……一堂普通的课变成了一节自学成果汇报课、军事故事讲演课和国防建设成就图片展示课，新中国越来越强大的国防，让同学们感到由衷的兴奋和自豪，有的学生还联系实际，表示要努力学习、振兴中华、居安思危、加强国防建设等。

2. 学科渗透，加深对课本知识的理解

教学过程中，教学资源在政治、历史、地理等各学科之间是互相联系、交叉渗透的，教师如能抓住机会，巧妙地实现跨学科、跨年级的知识迁移，把多种教学资源有机整合，往往事半功倍。例如，在讲授《民族团结》这一子目时，历史教师可以引导学生利用教材上《第四届全国少数民族传统体育运动会会歌》、为庆祝中华人民共和国成立50周年演出的大型舞蹈《团结颂》、窗口材料《宪法对民族区域自治制度的相关规定》等材料，回顾八年级地理上册所学的《多民族的大家庭》的有关内容，唤醒、巩固和拓展了学生关于我国以汉族为主体的大杂居、小聚居的民族分布格局，以及我国在少数民族地区实行民族区域自治、设立自治机关等知识，从而轻松实现了第一目《民族区域自治的实行》的教学目标。

3. 利用好影视音像作品

近年来，历史题材的影视音像作品大量出现，特别是涌现出一批优秀的纪录片。影视作品生动、形象，有助于学生理解和认识历史；纪录片纪实性强、资料丰富，史实的呈现用了多种历史研究方法，既再现某段历史，又培养了学生研究历史的方法。例如，在讲中国研究史时，教师喜欢剪辑《中国通史》这部纪录片；讲授世界古代史时，教师喜欢用BBC拍摄的纪录片；讲授世界近代史时，教师喜欢用《大国崛起》等。在选择影视作品时，要选择比较接近历史

实际，与课程内容紧密相关的素材。在用影视资源前，教师可提出深层次的问题，让学生边看边思考。

4. 利用网络资源

互联网具有海量信息和不受时间及空间限制等优势。近几年开发的历史课程资源网站非常多，师生可以充分利用。同时，师生也可以借助这些平台收集整理资源，编制适合本区域、本学校的课程资源。例如，关于主题资源库的建设，可根据初中历史教学内容设计主题，每个主题资源库包括教学设计、学案、学生阅读资源包、视频、相关网站的链接、教学课件、专题问题的微课、课后练习等。主题资源库的建设，为教师研究教学内容、开发课程资源提供了抓手。现在很多学校使用电子书包，有些学校开发了手机的学习功能，教师可以充分利用这些工具，拓展学生学习的空间。QQ、微信已经成为网络教研常用的交流工具。例如，广州市番禺区部分学校在教学中已使用电子书包，为了配合电子书包的使用，教师精选了视频、史学作品等，制作成网络资源推送到电子书包平台供师生使用。

5. 开发学生配套学习资源，制作微课，为教师提供范本

广州市番禺区根据初中历史课堂教学的需要，确立了关于历史人物的评价、历史概念教学、培养学生的时空观、历史细节的描述等15个关键问题，并进行分工，由广州市番禺区骨干教师设计并制作微课，经过大家反复研讨、打磨定稿，为全区教师提供相关教学片段的范本。番禺区教师制作的微课主要用于以下几个方面：一是在新授课上使用；二是在学生自主学习中使用；三是供教师教学研究使用。

四、初中历史教师的专业素质的几点作用

以上内容详细分析了当下教师的专业素质的问题，并且讨论了教师的专业素质的主要内容，进一步明确了作为一名初中历史教师需要具备什么样的专业素质。那么，在对初中历史教师的专业素质有所了解之后，初中历史教师的专业素质对于历史教学都有哪些具体的作用呢？

（一）教师的专业素质会直接影响教学的课堂质量

对于教师而言，课堂教学是教师进行教学的最为主要的方式和内容，良好的专业素质有助于营造良好的教学环境。作为一名初中历史教师，只有当自己

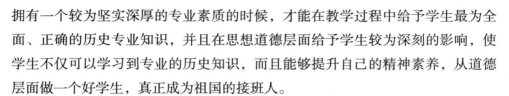

拥有一个较为坚实深厚的专业素质的时候，才能在教学过程中给予学生最为全面、正确的历史专业知识，并且在思想道德层面给予学生较为深刻的影响，使学生不仅可以学习到专业的历史知识，而且能够提升自己的精神素养，从道德层面做一个好学生，真正成为祖国的接班人。

（二）教师的专业素质是初中素质教育的重要保证

对于学生而言，初中阶段属于教育的一个相对稳定的阶段。不同于小学阶段的素质教育，是一个相对基础的阶段，在初中阶段的教学中，教学永远都不可能是学生一个人的事情。对于初中历史的学习而言，更是如此，没有哪一个学生说自己可以完全脱离教师的教导来进行学习。所以，无论是哪一门课程，教学都是学生和教师双方的一个双向互动过程。在这个过程中，教师的专业素质是素质教育的重要保证。良好的专业素质可以使得学生的知识、思想等方面都能够尽可能地与教师接近，进而使学生可以有足够的知识支撑自己的学习，有足够的思想支撑自己的行为。只有这样，学生才能浸润在教师的专业素质所营造的氛围中健康、快乐地成长。

（三）初中教师的专业素质是当下教育更高的要求

随着时代的不断变化与发展，人们不仅对教育本身有了较高的要求，而且对于教师的教学素质也提出了更高的要求。所以，当下初中教师的专业素质问题，体现了人们对于教师的重视，这种重视可以使教师个人从根本上醉心于自我素质的提高，从而使自己不断提高、充实，以满足当下人们对教师的最新要求。在这个过程中，教师和学生、家长之间形成了一个较为良好的循环。在这种循环中，教师不但满足了家长的高要求，也提高了对学生的教学标准，对其本身而言，更是使自己获得了一个长远的进步。

第三节　初中历史教学教师专业发展

一、历史教师专业发展

（一）新课程改革呼唤历史教师专业发展

第一，新课程改革从课程目标上要求历史教师的专业发展。"21世纪的历史课程非常重视课程的教育功能，通过历史课程培养高中学生的人格、品质还有思想境界，以适应日趋激烈的竞争。"21世纪是信息的时代，更是竞争的时代，具有高素质、高情商以及高尚品质的人才成为这一时代的宠儿。新一轮课程改革从以往强调学生知识获取、注重考试的教学目的，转向注重学生身心发展，从注重教师主导的教学过程转向以学生为本，从教师单方面知识讲授转向启发式、探究式的学生活动，无不体现以生为本的教育理念以及人文关怀。以往单一的知识型教师，已经不能满足新课程改革的需求，提升历史教师专业发展能力，加强历史教师学科核心素养，对于促进学生完成历史探究、建构历史体系、形成正确的历史价值观至关重要。

第二，新课程改革从课程内容上呼唤历史教师专业发展。历史是一门综合学科，涵盖了包括文学、政治学、经济学、地理学在内的其他学科知识。"中学历史课程大量增加社会史、文化史、科技史等人类文明发展过程的内容，使学生切实感到历史与生活、个人的密切联系，感受科技进步对人类生活方式以及思维方式产生的巨大影响。"历史是过去的，又是生活的。通过对历史的学习，将历史中的有益经验运用到现实生活中，既能让学生体会到历史学习的乐趣，又能让学生知道历史与现实的联系。在历史课程内容选择上，坚持"厚古薄今"的指导原则，引导学生从历史长河中发掘中华文化的精神内涵，深刻领悟先人的思想文化及历史智慧。

第三，新课程改革从课程设置上强调历史教师专业发展。新的历史课程体现出更强的综合性。无论是教学形式还是学习方法，都强调灵活多样，有利于学生创造性思维的形成。在课程设置编排上，以专题形式构建"贯通古今、中外关联"的历史教学新体系。专题形式的历史教育，既要求纵向历史知识的掌握，又要求横向知识的扩展与延伸。针对专题学习，历史教师要深入挖掘专题内容，从不同角度、不同时段对历史现象进行解读，让学生在探究、合作式学习中感悟历史。同时，必修与选修课程的设置、国内与国外历史的穿插，有利于学生选取自己感兴趣的知识进行深度学习，但对历史教师的知识储备以及基本素养要求更高。对于专题历史学习，历史教师必须进行研究型备课，既要在横向上扩展，又要在纵向上梳理历史过程。而对历史教师而言，不存在所谓选修与必修的区别，所有历史内容都必须谨慎地进行学习与备课。从这一点上来说，历史教师没有扎实的专业能力很难胜任高要求的课程改革。

21世纪日趋多样化、复杂化、信息化，加之新课程改革的不断深入，给初中历史教师带来的压力是可想而知的。初中历史教师只有不断改变自己的教学观念，更新教学方法，提升专业能力，才能胜任社会对历史教师提出的诸多要求，才能真正实现历史学科育人功能，为历史教育事业的发展注入鲜活的、源源不断的动力。

（二）历史教师专业发展的概念及内涵

第一，历史教师作为一名教育者或是专职人员，首先必须具备专业人员的基本素养。陶行知先生曾云："学高为师，德正为范。"一方面，历史教师在正式进入历史教育队伍之前，应该受过相关的专业训练，具备扎实的历史知识以及广博的相关专业知识；另一方面，作为个体，历史教师除了渊博的知识外，还应该有高尚的品德、认真负责的态度以及自主发展的独立意识。美国教育家杜威主张"教育即生活"，认为"社会通过传递过程而生存，正和生物的生存一样。这种传递，依靠年长者把工作、思考和情感的习惯传给年轻人"。从这一点来说，历史教师更要注意个人品质的提升，"努力使自己继续不断地生存"。第二，历史教师的专业发展是在长时期、多阶段、多方面中完成的。这是一个连续学习、不断发展的过程，包括历史师范教育阶段的本科学习、入职培训阶段的岗前学习、继续教育阶段的深造学习，以及日常生活中的经验学习。历史教师专业发展涉及历史教师教学以及生活的方方面面，因此历史教师必须重视教育、热爱生活，在教学与生活中探求历史规律及教育真谛。

第三，历史教师专业发展是动态的发展。无论是专业知识，还是个人品行都有着无限发展的空间。学生要发展，教师也要发展。历史教师需要在整个历史教育工作过程中不断更新专业知识，提高自身的教学能力，并且形成正确的历史价值观和历史教育观，实现历史教师专业发展。

通过以上分析我们可以看出，历史教师专业发展是指，历史教师在日常生活以及教育过程中通过自我学习、自我反思、自我调控、自我建构，不断更新历史知识、教育理念、教育手段以及教育方法，提高自身素质和道德品质，从而不断提高历史教育专业能力，提升历史教育教学质量自我探索、自我完善的专业成长过程。这一专业发展过程，既是历史教师不断追求自我发展、展现历史教师自身价值的过程，更是历史教师形成终身学习、终身研究、终身教育、终身提高的动态发展过程。

二、初中历史教师专业发展策略

（一）创设适合中学历史教师发展的良好的外部环境

1. 增加经费投入，促进高师院校的发展，提高教师工资待遇

无论是对人们的日常生活、工作还是学习而言，经济在其中都发挥着基础性作用，经济水平的高低对于教师的受教育水平及其工资待遇都会产生直接影响。如师范院校的办学质量以及办学规模等，在一定意义上来说是直接由教育经费投入的多少决定的，而教师的薪酬水平也会和当地实际的经济水平挂钩。

随着改革开放的不断深入，近些年来我国经济虽然得到了很大发展，但是总体来看，依旧属于发展中国家，处于社会主义初级阶段。由于基础较为薄弱，因此和西方一些发达国家相比，我国经济水平是较为落后的。而在教育领域中，经费不足与教育发展需求之间的矛盾是长期存在的，而且受其他各方面因素影响，教育经费也不能重点用于提高教师薪酬比例以及强化教师教育等上面，严重阻碍了教师的专业发展。此外，师范院校长期以来所承担的都是培养教师的基础性工作，具有较强的公益特性，自筹资金能力较低，很大程度上依

靠政府资金的支持和帮扶，这就导致其普遍落后于那些实力较强、背景深厚的综合性高校。在国家重点建设和扶持的大学名录之中，师范院校所占比例也是较小的，不仅影响教师的培养质量和数量，而且阻碍了教育事业的健康持续发展。因此，对于师范院校，政府必须加大资金投入和其他方面的扶持，强化教育管理力度，通过必要手段来提升教师教育质量，进而更好地推动教师专业发展。

除此以外，在当前这个社会和时代中，面对不断上涨的物价，政府相关部门必须有序提升初中历史教师的薪酬水平。尤其是乡村初中教师，其应得的工资和福利必须按时足额发放，以解决教师的后顾之忧，维护其稳定性，从而确保其专业健康持续发展。政府相关部门不仅需要充分发挥自身力量来支持教育，而且应该拓宽筹资渠道，健全教育成本合理分担机制，引导并激励民间企业、社会团体等投身于教育支持活动中。

2. 完善教师法律法规，为教师专业发展提供法律保障

在社会活动中，无论是什么类型和领域的工作，都需要有完善的法律法规做保证，如此才能够顺利持续地开展下去。从整体角度来看，我国的教育法治建设是较为完善的。但是从人们对教师的认识角度来看，很多人仍然没有认识到其重要作用和价值，对于一些教师而言，依旧缺乏拿起法律武器维护自身利益的观念。

面对这一现实问题，笔者认为，必须强化教师的法律意识和观念，让每一个教师都能够知法懂法，并且在遇到不公正事件或者教育纠纷的时候，能够拿起法律武器保护自身的合法权益不受损害。与此同时，鉴于当前阶段与教育切身利益相关的法律法规还不够完善，笔者认为必须对其进行完善，如教师的薪酬水平、职称考核、晋升等都应该有明确规定，从法律角度来保障教师的专业发展。此外，在完善教师法律法规的过程中，必须明确一点，即教师是一门其他任何职业都无法取代的专业，在对教师进行选拔、任用、职称评定等工作的时候应该环环相扣、循序渐进，以确保教师的专业发展。

具体而言，可以从以下两个方面来对教师的专业发展进行法律保障：第一，要健全和完善历史教师资格证书制度。从其发展历程来看，我国在此方面已经有了较为丰富的法律成果，如《教师资格条例》《中华人民共和国教师法》等都是教师资格制度发展的重要体现。但是受我国教育事业现实情况影响，实际上学历证书制度被人们重视和认可的程度更高，甚至在很大程度上替代了资格证书制度。因此，笔者认为，想要推动教师的专业发展，就必须引导人们转变这一观念，强化教师资格证书的权威性，规范和健全教师资格准入制度。第二，在教师的任用、职称评定等方面，应该建立健全与之相关的法律法规制度，培养和强化教师的竞争意识，打破其职业终身化的认知，以市场经济为基础建立更加公平合理的竞争机制和用人机制。

（二）培养和发展自己的反思能力，成为反思型教师

1. 反思是教师获得专业发展的主要策略

当前社会环境中，与教师教育相关的理论和实践都呈现出一个现象，即实际教育事业中一部分教师发展为专家型、专业化教师，一部分教师工作多年依旧碌碌无为，这一现象的存在与教师的反思是息息相关的。具体分析来看，专家型教师通常都会对自己的教学经验进行及时有效的反思，通过查漏补缺来推动自己的知识水平和教学技能发展。而后者往往缺少对知识经验进行反思的意识，也不会主动对其进行深入思考，导致自己的教学水平始终止步不前，严重限制自身的专业发展。在教学活动中，反思可以说是联系理论与实践的重要桥梁，也是推动教师科研能力、教学技能、沟通能力等诸多方面综合发展的重要手段。

2. 反思是改善教师形象、提升教师地位和扩大专业自主权的有效手段

随着教师专业化运动的深入，人们对教师素质的要求进一步提高，教师素质因此成为决定教师职业能否实现专业发展的关键。在新的社会环境中，社会所期望的教师已经不再是经验型教师，而是学者型教师。如何才能成为学者型教师呢？反思被认为是造就学者型教师的重要手段。反思性实践要求我们的教师在复杂多变的教育环境中保持自己思维的独立性，成为问题的解决者和决策者。这些要求直接推动了教师反思的发展，并产生了一些积极的影响，不仅帮助教师实现了追求教学合理化的目的，而且重新塑造了教师的形象，提升了教师的专业地位，扩大了教师专业自主权。

反思主要包括：对教学的反思和对师德的反思。教学反思，又叫反思性教学。它的含义是指教师通过行动研究，不断探索与解决自身和教学目的以及教学方法等方面的问题，将教学与学习结合起来，努力提高教学实践的合理性，使自己成为学者型教师的一个过程。教学反思是促进教师全面发展的过程，因为当教师全面反思自己的教学行为时，会从教学主体、教学目的和教学方法等

方面，和教学前、教学中、教学后等环节中获得经验，使自己更加成熟起来。教师自我反思的第二个重要方面，就是教师对自己品德行为的反思。教育部长周济在全国师德论坛开幕式上的讲话中指出："师德是教师最主要的素质。"师德作为教师的职业道德，是教师个人品德在教师职业生涯中的生动体现。教师的道德品行，对每一现象的态度或多或少地影响着全体学生。师德对学生的影响是任何教科书、任何惩罚和奖励制度都不能代替的一种教育力量。历史教师要时刻自觉地加强自身的道德品行修养，通过对自己的内心世界和外在行为的反思来积极培养自己的道德情感，坚定道德信念，端正自己的行为，做学生的楷模。

（三）高度重视教师之间的教学经验交流

历史教师要不断地总结经验、交流经验，如此才能更有效地指导教学实践。在经验的总结交流中，教师之间互相学习借鉴、取长补短，对提高自己的业务水平和教学能力是非常重要的。教学经验的交流途径主要有集中交流、分散交流。各个级别的历史教学年会、教学经验交流会、研讨会、座谈会和教学评比是集中交流的主要形式。集中交流的范围广，信息量大，效果明显。平时教师之间的个别交流、相互听课等分散交流的形式也是必不可少的，有经常性、直接性和灵活性的特点。在经验交流中一定要有虚心学习的态度，只有这样才能博采众长，从而达到交流的目的。

历史教师还可以采取间接交流的方式进行学习，主要通过录音、录像、电视、网络等现代化手段进行交流。这种交流方式不受时空的限制，具有更自由、更方便的特点。观看教学录像和收看教育电视台的教学节目、从历史专业网站上发表和查看论文、课件等，正在成为许多教师喜欢采用的交流方式。另外，新课改还提倡师生之间的交流与合作。师生之间本来就是处于一个平等的地位，学生在与教师交流的过程中可以获得知识，教师也可以在与学生交流的过程中获得发展。在这一方面，教师应该积极主动地与学生进行交流合作，共同完成教学。教师不仅要在教学上跟学生进行交流，更要艺术地在情感和精神上跟学生交流。因为，师生之间情感和精神的交流是建立和谐师生关系的前提，更是教师搞好教育教学工作的重要条件。俗话说得好："独学而无友，则孤陋而寡闻。"教师之间以及师生之间的交流与合作是教师专业发展的重要保证。

参 考 文 献

［1］王德民.中学历史教学设计［M］.芜湖：安徽师范大学出版社，2018.

［2］徐亮，石洁，吴鹏超.中学历史教学教法新探索［M］.青岛：中国海洋大学出版社，2018.

［3］李漱萍.中学历史教师素养研究［M］.广州：华南理工大学出版社，2019.

［4］赵克礼.中学历史教师教学技能［M］.西安：陕西师范大学出版总社有限公司，2014.

［5］张盼盼.现代教育技术构建课堂互动教学模式的探索［J］.中国多媒体与网络教学学报（上旬刊），2020（03）：24-25.

［6］严云峰.浅谈提高初中历史教学有效性的方法［J］.科学咨询（教育科研），2020（02）：213.

［7］姚雪迎."互联网+课堂"信息时代翻转式教学模式浅析［J］.北京教育（高教），2020（02）：52-54.

［8］鲜小亮.浅析影视资料在初中历史教学中的应用［J］.才智，2020（04）：88.

［9］刘子欣.微课在初中历史课堂教学中的应用［J］.西部素质教育，2020，6（02）：128，132.

［10］吴芳.小组合作在初中历史教学中的运用反思探究［J］.才智，2019（30）：113.

［11］文玉梅.翻转课堂在初中历史教学中的实践［J］.西部素质教育，2019，5（18）：117-118.

［12］杨建军.初中历史教学中的情境创设探究［J］.亚太教育，2019（08）：123.

［13］罗莉丽.初中历史教学方法探讨［J］.科技资讯，2019，17（21）：108-109.

［14］李孟娜.核心素养视角下中学历史教师专业素养探析［J］.和田师范专科学校学报，2019，38（03）：37-42.

［15］钟苑金.浅析情境教学在初中历史教学中的应用［J］.科学咨询（教育科研），2019（02）：141.

［16］袁凤鸣.初中历史教学中的"问题设计"探究［J］.西部素质教育，2018，4（21）：239.

［17］曾文怡.小组合作学习在初中历史教学中的运用研究［J］.才智，2018（07）：138-139.

［18］张敬军.小组合作学习在初中历史教学中的有效应用［J］.西部素质教育，2018，4（03）：250-251.

［19］王燕飞.初中历史教学的导入方法［J］.华夏教师，2017（23）：70.

［20］张海霞.翻转课堂在初中历史教学中的应用［J］.华夏教师，2017（16）：63.

［21］孙莉，李明，王书全.信息技术环境下智慧课堂教学设计与实践［J］.中国管理信息化，2017，20（19）：237-238.

［22］张大龙.互联网+语境下中学历史教师专业发展途径分析［J］.中国教育技术装备，2017（15）：16-17.

［23］乔爱玲，王楠.信息技术环境下"主导—主体"课堂教学模式探索［J］.中国电化教育，2005（11）：83-85.

［24］邸凤红.历史影视资料在初中历史教学中的应用探析［J］.数码设计，2017，6（10）：152-153.

［25］宋虎珍.合理运用现代教育技术，提高课堂教学效率［J］.教育探索，2010（10）：38-39.

［26］王毅凤.浅谈新课改中历史教学评价的改变［J］.知识经济，2012（06）：174.

［27］杨建雄.新课程与中学历史教师角色的转换［J］.科教文汇（上旬刊），2016（08）：103-104.

［28］赵艳霞.浅谈中学历史教师自身素质的提高［J］.农村经济与科技，2016，27（12）：279.

［29］邓云，张奕.发展性历史教学评价的理念价值与实践应用［J］.教学与管理，2016（18）：91-93.

［30］宋金华.基于信息技术环境的课堂教学结构性变革研究［J］.江苏开放大学学报，2016，27（03）：58-63，74.

［31］崔光林.课程改革新形势下初中历史教学方法探究［J］.华夏教师，2016（05）：69.

［32］蒲惠.课程改革对提高初中历史教学地位的有利因素研究［J］.亚太教育，2016（04）：62.

［33］孙建.初中历史教学改革如何体现四个要点［J］.黑龙江教育（理论与实践），2015（11）：75-76.

［34］方建敏.课程改革与中学历史教师队伍构建［J］.赤子（上中旬），2015（13）：291.

［35］肖应华.初中历史教学中问题情境创设探究［J］.传奇·传记文学选刊（教学研究），2013（04）：96.

［36］陈梅兰.浅谈小组合作教学模式在初中历史教学中的应用［J］.教育教学论坛，2013（40）：131-132.

［37］罗海亮.初中历史教学存在的问题与对策探析［J］.科教文汇（中旬刊），2013（09）：175，177.

［38］崔文娟.论中学历史课堂教学评价策略［J］.才智，2013（23）：112-113.

［39］庞美芹.问题探究教学方式在初中历史教学中的应用研究［D］.济南：山东师范大学，2014.

［40］张静波.微课在初中历史教学中的应用研究［D］.石家庄：河北师范大学，2017.

［41］翟羽佳.初中历史教学中小组合作学习的应用［D］.扬州：扬州大学，2017.

［42］沈晓军.基于翻转课堂的初中历史教学应用研究［D］.南昌：江西科技师范大学，2017.